JURISPRUDENCE

DES

ASSURANCES

MARITIMES, TERRESTRES, SUR LA VIE, ETC.

PAR LOUIS POUGET

AVOCAT

Assurances maritimes.

Les chances de la navigation entravaient le commerce. Le système des assurances a paru ; il a consulté les saisons ; il a porté ses regards sur la mer ; il a interrogé ce terrible élément ; il en a jugé l'inconstance ; il en a pressenti les orages ; il a épié la politique ; il a reconnu les ports et les côtes des deux mondes ; il a tout soumis à des calculs savants, à des théories approximatives ; et il a dit au commerçant habile, au navigateur intrépide : « Certes, il y a des désastres sur lesquels l'humanité ne peut que gémir ; mais quant à votre fortune, allez, franchissez les mers, déployez votre activité et votre industrie ; je me charge de vos risques. » Alors, s'il est permis de le dire, les quatre parties du monde se sont rapprochées.

(*Code de Commerce français*, Exposé des motifs, liv. II.)

Assurances terrestres.

C'est surtout de l'assurance terrestre que l'on peut dire que « son principe est identique à celui de toute société humaine, en ce qu'il repose directement à l'association intégrale de tous et de chacun. »

([illegible], t. I, *Préface*, p. 36.)

TOME I.

Première Livraison

PARIS

IMPRIMERIE DE LA SOCIÉTÉ TYPOGRAPHIQUE

RUE DE SEINE, 36.

1849

SOMMAIRE.

L'assureur qui n'a point reçu la prime d'assurance à son échéance doit-il néanmoins payer le sinistre survenu depuis? Examen des décisions rendues dans l'espèce.

Un huissier ne peut-il donner des citations en paiement des primes que si la police est timbrée et enregistrée? Jugement du tribunal civil de la Seine qui repousse les prétentions de l'administration de l'enregistrement.

Le bail consenti à des sous-locataires par un principal locataire, devenu plus tard propriétaire, décharge-t-il les sous-locataires du risque locatif, lorsque le principal locataire a excepté des charges du bail le paiement des primes d'assurances?

Les compagnies d'assurances qui ont désintéressé le propriétaire peuvent-elles actionner directement les principaux locataires ou sous-locataires?

Peuvent-elles actionner encore directement les compagnies qui ont assuré les risques locatifs des principaux locataires ou sous-locataires? Dans l'affirmative, les compagnies sont-elles solidaires?

Les principaux locataires ont-ils une action en garantie contre les sous-locataires, s'ils habitent les lieux communément avec eux?

La commune habitation des lieux peut-elle, dans ce cas, être opposée par les sous-locataires à plusieurs locataires principaux solidaires, encore bien qu'un seul d'eux habite les lieux occupés par les sous-locataires?

AVIS.

Nous avons inséré dans notre prospectus le sommaire de la 1re livraison de cette publication ; il annonçait que nous devions traiter plusieurs questions; mais aujourd'hui, pour satisfaire aux demandes qui nous ont été adressées sur les documents nombreux qui se rattachent à deux de ces questions, nous nous voyons forcés de remettre à notre prochaine livraison la discussion des autres matières.

JURISPRUDENCE

DES

ASSURANCES MARITIMES, TERRESTRES

SUR LA VIE, ETC.

OU

DROITS ET OBLIGATIONS DE L'ASSUREUR ET DE L'ASSURÉ.

Une compagnie d'assurances doit-elle être condamnée à la réparation d'un sinistre, lorsque l'assuré n'a point payé la prime à son échéance?

Nous diviserons l'étude de cette question en trois parties :

Dans la première, nous exposerons les principes généraux sur la question.

En second lieu, nous ferons connaître les jugements et arrêts rendus au profit de l'assureur.

Dans une troisième partie, nous examinerons les décisions contraires.

PREMIÈRE PARTIE.

PRINCIPES GÉNÉRAUX.

Le contrat d'assurances est synallagmatique, puisqu'il crée entre les deux parties des obligations réciproques (art. 1102 Cod. civ.).

La prime est le prix de l'assurance, *pretium suscepti periculi*. Sans prime, point d'assurance (*Emerigon*, tome II, chap. 16).

D'autre part, le contrat d'assurances, par sa nature, est un contrat *stricti juris et bonæ fidei : stricti juris*, en ce sens, que, comme le dit M. Pardessus (*Droit comm.*, tome II, n° 593), « *c'est par les termes du contrat qu'on doit juger l'étendue des obligations de l'assureur; tout y est de droit rigoureux.*

Telle est la doctrine élémentaire en matière d'assurances terrestres ou maritimes.

Ces principes étant émis, nous entrons dans l'examen de la question que nous nous sommes proposée.

Aux termes de l'art. 1247 du Code civil, le paiement doit, en règle générale, être fait au domicile du débiteur; mais les polices d'assurances stipulent que le paiement de la prime aura lieu au siége de la Compagnie ou au domicile de l'agent qui a souscrit l'assurance.

La prime est donc *portable*, telle est la convention qui intervient entre l'assureur et l'assuré : telle est la condition de l'assurance.

Cette condition, imposée à l'assuré, est aussi rigoureusement la condition de son droit. En effet, les assureurs déclarent dans leurs polices que l'assuré qui n'aura pas payé la prime à son échéance, ou, après le délai de grâce, au domicile de la Compagnie ou de ses agents, doit être privé, en cas de sinistre, de tout droit à l'indemnité.

On ne peut contester la légalité de cette clause des contrats d'assurances (arg. de l'art. 1226, Code civ.)

En effet si, laissant de côté les principes applicables aux stipulations des parties (art. 1134 et suiv. du Code civ.), nous nous reportons aux dispositions de la loi, écrites dans l'art. 1184 du même Code, nous lisons que « *la condition résolutoire est toujours sous-entendue dans les contrats synallagmatiques pour le cas où l'une des deux parties ne satisfera point à son engagement.* » Or, dans l'espèce, quel est l'engagement formel pris par l'assuré? C'est de payer la prime au domicile de la Compagnie ou de ses agents à l'échéance convenue; quelle est la pénalité prévue par le contrat, si cette obligation n'est pas remplie? déchéance ou résiliation du contrat pour le passé, quant aux droits de l'assuré seulement (1).

Sans doute, suivant l'art. 1184 du Code civ., la résolution ne peut avoir lieu de plein droit; mais, cependant, aux termes de l'art. 1139 du même code, le débiteur peut être mis en demeure par la convention elle-même.

Or, les polices d'assurances mettent le débiteur en demeure; cette stipulation n'est pas moins licite que celle résultant de l'art. 1226 du Cod. civ., elle ne peut donc être critiquée. « *Juger*, dit M. Quenault, p. 83, n° 107, et p. 308, n° 192, *qu'une pareille clause n'est que comminatoire, ce serait violer la loi que les parties se sont imposée, ce serait anéantir une clause pénale qui n'a rien que de très-licite, ce serait dépouiller le contrat de la sanction que les parties ont jugé nécessaire d'y ajouter pour en assurer l'exécu-*

(1) Distinction qui sera plus tard expliquée.

tion. Sic : Massé et Devilleneuve, *Dict. du content. comm.*, n° 122, v° *Assurances terrestres ;* Alauzet, *Traité des assurances*, tome I, p. 323, 384 Boudousquié, n°s 165, 166, 283. Nous citerons encore MM. Grün et Joliat n° 317, dont l'autorité est grande en matière d'assurances. Les auteurs étrangers s'accordent aussi pour défendre la même doctrine. (Voyez Park, chap. 23, *Of insurance against fire*, p. 660, note *a*, et Marshal, liv. IV, chap. 3.)

L'art. 1184 n'anéantit donc pas l'art. 1139, et n'infirme pas la résolution résultant de la déchéance qui a lieu de plein droit contre l'assuré n'ayant pas payé la prime à l'époque fixée par le contrat.

L'article 1184, en effet, n'est applicable qu'au cas où la résolution n'a pas été stipulée de plein droit ; mais, lorsqu'il en est autrement, les tribunaux ne doivent qu'examiner si réellement la condition résolutoire a été accomplie. Telle est la jurisprudence des cours royales, triomphant aujourd'hui des systèmes opposés. (Toullier, *Cours de droit civil*, tome VI, p. 587 ; Delvincourt, tome II, p. 487; Duranton, *Traité des contrats*, n° 503 ; Dalloz, *Jurisprudence générale*, tome X, p. 511 ; arrêt de la Cour de cassation du 19 août 1824.)

Ainsi donc, en présence des clauses arrêtées d'un commun accord dans les polices d'assurances entre l'assureur et l'assuré, la prime n'étant pas payée au siége de la Compagnie ou entre les mains de ses agents, toute mise en demeure pour constater le défaut de son paiement est inutile, et la déchéance est encourue de plein droit.

Malgré ces principes et les conséquences qui en découlent naturellement, quelques tribunaux, violant le texte de la loi, méconnaissant les conventions positives des parties contractantes, ont condamné l'assureur au paiement du sinistre, encore bien que la prime ne fût pas payée. Voici, du reste, par quels motifs et dans quelles circonstances.

Les divers jugements et arrêts que nous ferons bientôt connaître se fondent, pour condamner l'assureur, sur les usages adoptés par les Compagnies pour le recouvrement des primes, sur les stipulations mêmes énoncées au contrat d'assurances, comme accessoires à la clause de déchéance pour le défaut de paiement de la prime.

Il importe dès lors d'exposer quels sont ces prétendus usages des Compagnies, quelles sont toutes les conventions des parties contractantes relatives au non-paiement de la prime.

Une première clause des polices est ainsi conçue :

La prime d'assurance est payable d'avance, au domicile de la Compagnie ou à celui de l'agent fondé de pouvoir.

A défaut de paiement de la prime à l'échéance ou dans le délai de quinzaine, sans qu'il soit besoin d'aucune demande, d'aucune mise en demeure, l'assurance se trouve suspendue; l'assuré n'a droit, en cas de sinistre, à aucune indemnité, etc.

Les assureurs énoncent donc dans leurs polices que la prime est portable : les termes de cette stipulation ne peuvent être plus explicites; mais dans les grandes villes, du moins, ils font ordinairement toucher la prime au domicile des assurés.

Quelques tribunaux ont vu, dans cet acte d'obligeance, une dérogation à la convention que la prime est *portable;* ils ont décidé alors que les assureurs, par leur usage d'aller chercher la prime, l'avaient rendue *quérable*, qu'ainsi, faute de mise en demeure faite par l'assureur à l'assuré, il n'était pas constant que ce dernier n'avait pas voulu payer sa prime, que conséquemment nulle déchéance n'a pu atteindre l'assuré, et qu'alors le paiement de l'indemnité, en cas de sinistre, est légitimement dû.

Une telle argumentation est combattue par les enseignements que fournit la doctrine sur la clause que nous examinons; elle est même repoussée par les auteurs qui, traitant en général des usages en matière commerciale, ont énoncé les conditions que doit présenter un usage pour annihiler la convention (1).

M. Alauzet (*Traité des assurances*, t. II, p. 297), examinant en général les conventions contenues dans les polices d'assurances, s'exprime ainsi :

Cette espèce de législation, dressée par une des parties intéressées, ne peut avoir, on le sent, l'autorité d'un acte de l'autorité souveraine; elle ne peut pas non plus en avoir l'impartialité. Ce n'est pas un reproche adressé aux Compagnies; cela était dans la nature des choses.

Ce n'est pas ici le lieu de discuter quelques-unes des assertions de M. Alauzet (2).

Mais nous avons cru devoir rapporter textuellement ses paroles pour

(1) MM. Delamarre et Le Poitevin (t. I, p. 639), dans leur excellent ouvrage sur la commission, ont traité à un point de vue très-élevé des devoirs du juge. Ils ont fixé d'une manière nette la ligne de conduite dont il ne doit pas s'écarter pour l'application de la justice. Nous pourrions ici, en nous inspirant des grandes pensées de ces auteurs, démontrer que le juge consulaire ne doit prendre l'usage pour base de sa décision qu'à défaut de la loi ou de la convention des parties; mais cette doctrine, par les développements qu'elle nécessiterait, s'écarterait peut-être de notre sujet; nous nous bornerons donc à renvoyer nos lecteurs à ces auteurs.

(2) Dans le cours de notre publication, nous discuterons souvent les doctrines de M. Alauzet. Cet auteur, dans des pages écrites avec talent, a cru devoir renverser, à l'occasion de certaines questions, les principes qui doivent, suivant nous, régir les assurances. Ce qu'il y a de plus singulier, c'est que des publicistes distingués d'ailleurs, et se disant défenseurs du contrat d'assurances, ont fait l'apologie de ces doctrines, notamment sur le contrat de *negotiorum gestor*.

prêter plus de force à la citation que nous lui empruntons sur la question qui nous occupe.

Cet usage des Compagnies qui envoient chercher les primes d'assurances au domicile des assurés, doit être considéré, dit *M. Alauzet* (t. II, p. 330), *comme un avis purement officieux sur lequel, il est vrai, l'assuré peut s'être fié, s'il a été plusieurs fois réitéré; mais il ne faut pas perdre de vue que l'assureur ne pourrait faire constater le refus de paiement sans des frais considérables, qui, presque toujours, tomberaient à sa charge. Cette raison a fait écrire la clause dont il s'agit dans toutes les polices, et ce motif l'explique et la justifie trop bien, pour que l'on puisse induire de présomptions plus ou moins fortes sa renonciation à une clause formelle expressément écrite.*

Ainsi M. Alauzet admet qu'alors même que l'assureur se serait présenté plusieurs fois chez l'assuré pour toucher la prime, il n'y a point, par ce fait, dérogation à la clause des polices, qui veut que la prime soit *portable.*

Le même auteur (t. I, p. 323), professe encore la même opinion.

Tous les jurisconsultes qui se sont livrés à l'étude des assurances terrestres sont unanimes, du reste, pour décider que l'usage des Compagnies ne déroge pas à la convention expresse stipulée au contrat. Mais la défense de cette doctrine, posée par affirmation, n'a pas été selon nous assez développée ; ces auteurs, en effet, en émettant leur opinion, auraient dû rechercher si l'usage consacré par les tribunaux réunissait les conditions de droit nécessaires pour l'emporter sur la convention des parties.

Il importe donc d'examiner encore si, en présence du texte des contrats d'assurances, l'usage dont il s'agit n'est pas combattu par des usages contraires, s'il présente des caractères tels qu'il doive remplacer la convention, si, enfin, la présomption qu'il établit n'est pas détruite par une autre présomption.

§ I.

Constatons d'abord que s'il est un usage certain, c'est celui où sont toutes les Compagnies de stipuler dans leurs polices la portabilité de la prime. La formule de cette condition a sa valeur en fait et en droit, au point de vue de la légalité des usages; elle est en effet générale, constante, uniforme ; elle est la loi que s'imposent tous les jours les parties contractantes. Elle paralyse tout droit pouvant résulter de l'usage de quérir les primes; mais ce dernier usage dût-il avoir quelque valeur, examinons les conditions que doit, en thèse générale, présenter l'usage pour avoir force de loi.

§ II.

Il faut, disent les auteurs que nous avons déjà cités, MM. Delamarre et Le Poitevin (*Traité de la Commission,* t. I, p. 651), pour qu'un usage demine la loi ou les conventions des parties, *s'il s'agit d'un usage local, qu'il soit* quod in regione frequentatur, *c'est-à-dire observé par la généralité des commerçants du lieu, et qu'il soit uniforme; s'il est question d'un usage qu'on prétend général, c'est-à-dire, qu'il soit le même sur toutes les places du royaume, et que, pratiqué dans les unes, il ne soit pas rejeté sur les autres.*

Il faut de plus qu'il soit fondé sur une grande multiplicité de précédents; quelques actes qui se seraient reproduits de loin en loin ne suffiraient pas à constituer un usage.

Il faut enfin qu'il se soit soutenu pendant longues années. Des auteurs ont exigé au moins vingt ans d'existence.....

Evidemment on ne peut dire que l'usage d'aller chercher les primes offre ces conditions; un usage doit donc avoir *vingt ans d'existence* pour être érigé en loi; il est certain que plusieurs Compagnies, beaucoup de Compagnies même n'ont pas vingt ans d'existence, car on ne prétendra pas sans doute, en admettant que quelques Compagnies d'assurances existent depuis vingt années, que l'usage qu'elles auraient adopté d'aller quérir la prime, malgré la stipulation contraire de leurs contrats, puisse être opposée aux autres compagnies. Si cette prétention était élevée, on répondrait avec raison par l'adage, *res inter alios acta*, puisque si dans l'espèce l'usage devait avoir force de loi, il faudrait, au moins, qu'il fût pratiqué par la compagnie elle-même à qui on l'oppose et vis à vis de l'assuré qui l'invoque.

Les tribunaux ne se préoccupent pas cependant de cette distinction essentielle et se laissent ainsi entraîner dans une erreur profonde de droit. Qu'une Compagnie ait depuis longues années l'usage de quérir les primes d'assurances, s'en suit-il qu'une autre Compagnie doive nécessairement avoir mis en pratique cet usage? Non, certes. Pourquoi cependant des décisions judiciaires interviennent-elles dans ce sens, blessant ainsi l'équité et le droit? La raison en est facile à donner. Le contrat d'assurances est un contrat spécial: *Contractus nominatus quia suâ naturâ et propriis qualitatibus constat sicut reliqui* (*stypmannus*), part. IV, cap. 7, n° 159. Il exige, à ce titre, une connaissance approfondie de toutes ses conditions d'existence: *Praticandus non est cum juris appicibus et rigoribus.* (Casaregis dis., n° 2. V. *Emerigon*, c. I, sect. 5.) Et cependant ce même contrat est jugé par l'application de principes qui ne lui conviennent nullement. Le juge protège la fortune d'un assuré; mais celle de l'assureur, qui en définitive intéresse celle des autres assurés, n'obtient pas le même intérêt.

Cependant, comme l'a dit avec vérité un ancien auteur, dans le contrat d'assurances il faut rechercher pour toutes les parties l'équité: *In illo contractu requiritur bona fides, non dolus, non fraus, sed solum æquitas* (Casaregis disc., I., n° 2).

§ III.

Enfin, puisque le non paiement de la prime à l'échéance convenue repose sur cette présomption que l'assureur n'a point été la chercher au domicile de l'assuré, il doit exister pour les juges une présomption contraire bien plus forte, celle qui tend à rendre évident que l'assureur s'est présenté chez l'assuré pour obtenir le paiement de la prime ; non pas sans doute une présomption *juris et de jure*, mais *juris*. Si, en effet, l'usage de quérir la prime est tellement certain pour les tribunaux qu'il motive leurs décisions, ils doivent logiquement être conduits à cette conséquence à laquelle on ne peut résister. *Aucun assuré ne peut dire avec vérité que l'on ne s'est pas présenté à son domicile pour quérir la prime, puisque c'est un usage constant de la faire recevoir*. L'arrêt de la Cour royale de Paris du 6 mars 1838, que nous citerons bientôt, contient en germe cet argument en faveur de l'assureur.

Oui, dira-t-on peut-être, il existe dans les grandes villes une présomption qui tend à démontrer que l'assureur s'est présenté au domicile de l'assuré pour recevoir la prime ; mais cette présomption ne milite pas en sa faveur pour la perception des primes dues par les assurés des campagnes ; si l'on nous fait cette concession, que l'on reconnaisse qu'il n'est pas d'un usage constant d'aller chercher les primes au domicile de cette classe d'assurés ; que dès lors on soit conséquent et que cet usage ne puisse être invoqué en faveur de ces assurés ; qu'il ne soit pas invoqué avec plus de succès par l'assuré des villes, puisque, ainsi que nous l'avons démontré, la présomption qui porte à croire que l'on s'est présenté chez lui pour recevoir doit être pour le tribunal plus forte que la présomption contraire.

Un arrêt de la Cour de cassation du 15 février 1826 (Sirey, 27, I, 131) n'a-t-il pas décidé que les juges peuvent admettre des présomptions graves pour constater l'existence d'une convention d'assurance, qu'ainsi une quittance de prime pouvait prouver l'assurance? Pourquoi dès lors les tribunaux n'appliqueraient-ils pas les présomptions contre l'usage que fait valoir l'assuré?

La difficulté vient, dit-on, de ce que, toute présomption doit être *grave, précise, concordante*. Il est vrai qu'on peut se demander comme MM. Delamarre et Le Poitvin (t. I, p. 552) : « Qu'est-ce qu'une présomption grave, une présomption précise? La loi ne le dit pas et là-dessus les auteurs sont loin de concorder. »

Une présomption est grave, dit M. Duranton, *lorsqu'elle repose sur un fait certain*, ou (Favard *Répert.*, t. IV) *sur un fait bien déterminé*.

Suivant MM. Delamarre et Le Poitvin, *loco citato*, la présomption est grave *lorsqu'elle est de nature à faire impression sur un esprit raisonnable*.

Ou même, disent les mêmes auteurs, cela dépend du *judicium*. En effet, les jurisconsultes romains, en traitant des présomptions, de leur portée, disaient :

Quæ argumenta ad quem modum probandæ cuique rei sufficiant nullo certo modo satis definiri potest (lib. 3, § 2, D., de testib.).

Or, dans l'espèce, le *judicium* doit évidemment venir au secours du juge pour décharger l'assureur ; puisque, comme nous l'avons déjà dit, le juge décide que l'assuré n'a pas été invité à payer la prime, en établissant que l'assureur est dans l'usage de quérir les primes, deux assertions, il faut le dire, qui, s'entredétruisant, laissent subsister entière la lettre du contrat (1).

Mais admettons, si l'on veut, que l'usage rende partout la prime quérable, est-ce que, en présence d'une clause de déchéance rigoureusement stipulée, l'assuré peut demeurer indifférent pendant plusieurs mois sans être en faute ?

Que doit-il donc faire après l'échéance de la prime d'assurance pour rendre sa position légale ? Il doit évidemment prendre les moyens adoptés par tout débiteur qui a intérêt à se libérer, faire des offres s'il est constant pour lui qu'on ne s'est pas conformé au prétendu usage qu'il invoque. En cas de contestation sur les frais des offres, la justice décidera ultérieurement, mais alors au moins le débat portera sur un faible intérêt, et il ne s'agira plus de condamner au paiement d'un sinistre une Compagnie qui n'a pas reçu le prix du risque.

Nous aurons occasion, en réfutant les arrêts cités dans la troisième partie de cette discussion, d'exposer encore quelques considérations sur l'usage dont on argumente contre les Compagnies, sur les conséquences désastreuses des décisions judiciaires qui l'ont reconnu comme nécessitant une mise en demeure.

(1) La *Gazette des Tribunaux* du 7 juin 1847, en rapportant un arrêt que nous réfuterons et qui exige que la mise en demeure soit faite à l'assuré, pour constater que la prime a été demandée, se prononce contre la décision de la Cour ; mais elle ajoute : « En Angleterre on prévient toute difficulté de cette nature en limitant la durée des polices à une année dont la prime est payée d'avance. Pourquoi nos Compagnies n'adoptent-elles pas cette règle à la fois si simple et si sage ? C'est à elles de répondre. »

Nous répondrons que dans l'état actuel des assurances cette mesure est impossible. Nous compléterons notre pensée par une citation empruntée au *Dict. du commerce*, t. I, p. 153 : « Examinez dans la question actuelle à quelle époque les assurances se sont établies en Angleterre et à quel moment elles se sont introduites en France, vous acquerrez la certitude que nous ne sommes en retard sur la Grande-Bretagne que parce qu'elle a joui plus tôt que nous des institutions libérales. » Il faut donc, pour que nous puissions procéder comme en Angleterre, que l'assurance soit par tous considérée comme une nécessité. *Pour que le système d'assurance prospère, il est nécessaire*, disent les auteurs du même dictionnaire, *que l'instruction soit répandue d'abord... Comment voulez-vous que dans les pays où les lumières ne sont pas répandues, où, les préjugés sont dans toute leur force on puisse comprendre la haute raison qui préside aux assurances ?* »

Une seconde clause insérée dans les contrats d'assurances a fait encore condamner l'assureur à payer une indemnité à l'assuré sans que celui-ci ait préalablement payé la prime d'assurances. L'argument tiré de l'usage que nous avons déjà examiné n'a pas paru en effet assez concluant à certains tribunaux pour justifier à lui seul une condamnation.

Le sens de cette seconde clause est celui-ci : *A défaut de paiement de la prime, l'assureur peut résilier le contrat par une simple notification ou le maintenir et en poursuivre l'exécution.*

Or, dit-on à l'assureur, si vous n'avez point notifié la résiliation pour défaut de paiement de la prime, le contrat est maintenu ; dès lors vous ne pouvez conserver le droit de poursuivre le bénéfice du contrat sans en supporter les charges, le droit de l'assureur étant corrélatif avec le droit de l'assuré.

Ce raisonnement repose sur une fausse supposition ; nous réservons ici toute discussion et ferons ressortir avec plus de force l'erreur des tribunaux sur ce point, en réfutant les décisions judiciaires qui ont accueilli ce système de défense en faveur de l'assuré.

Si l'on voulait d'hors et déjà défendre les décisions que nous aurons bientôt à discuter, en prétendant que la clause de déchéance perd sa force parce qu'elle est imprimée, nous rappellerons que tous les jours les tribunaux consacrent la validité des clauses imprimées des polices en ce qui concerne l'aggravation de risque, la double assurance, etc., etc. ; qu'un arrêt de la Cour de cassation (1) a décidé que *les clauses imprimées des polices sont obligatoires comme les clauses manuscrites et qu'il n'y a présomption que les parties ont entendu déroger aux clauses imprimées que lorsqu'il y a antinomie entre elles.*

Ce n'est donc que dans ce seul cas et lorsqu'elles sont contraires aux lois, à l'ordre public ou aux bonnes mœurs, que les clauses imprimées des polices peuvent fléchir ; hors de là elles sont obligatoires.

« *Les Compagnies d'assurances,* disent MM. Sebire et Carteret, Encyclopédie du droit, v° Contrat d'assurances maritimes, chap. 5, sect. 2, n° 98, *ont presque toutes des formules imprimées ; la partie imprimée doit être considérée comme un écrit remplissant le vœu de la loi, et ces clauses ont la même force que celles qui sont écrites à la main, à moins que celles-ci n'aient pour but d'y déroger ; mais si elles ne sont pas inconciliables elles doivent toutes être exécutées.* »

« *Il est permis,* dit Emerigon, chap. II, sect. 3, *de déroger aux clauses imprimées et l'on est censé y déroger par cela seul que les clauses à la main y sont contraires.* »

(1) Cass., 12 juillet 1837. D. P., 37, I, 461.

« *Les clauses imprimées comme les clauses écrites sont la loi des parties, et doivent être strictement exécutées*, disent MM. Grün et Joliat, Traité des assurances terrestres, p. 252, n° 201 ; *s'il y avait lieu à quelques doutes, la préférence serait due aux clauses écrites.* »

Voyez encore M. Pardessus, t. III, n° 792. MM. Boudousquié, Persil, Alauzet, *Traité des assurances terrestres*, Boulay-Paty, etc., etc., ne professent pas une doctrine contraire.

Nous devons maintenant citer les jugements et arrêts qui ont consacré le droit des assureurs en reconnaissant que l'usage de quérir les primes ne dérogeait pas à la convention de portabilité de la prime, en jugeant encore que la résiliation non notifiée ne préjudiciait pas à la déchéance.

DEUXIÈME PARTIE.

JUGEMENTS ET ARRÊTS QUI ONT REFUSÉ TOUT DROIT A UNE INDEMNITÉ A L'ASSURÉ EN RETARD DE PAYER LA PRIME D'ASSURANCE.

Jugement du tribunal civil de Belfort du 14 janvier 1829 cité par le JOURNAL DES ASSUREURS, de MM. Grün et Joliat, tome I, p. 47.

« Considérant qu'au nombre des conditions rapportées en tête de la police d'assurance par la Compagnie... se trouve celle : *qu'à défaut de paiement de la prime dans le délai de quinzaine qui suit l'échéance, et sans qu'il soit besoin d'aucune demande, d'aucune mise en demeure, l'assuré n'a droit en cas d'incendie à aucune indemnité* ;

« Considérant qu'il est établi par le Code civil (art. 1139) que le débiteur peut être mis en demeure par l'effet même de la convention ; le contrat doit donc tenir lieu de loi aux parties ; par les stipulations de cette nature, elles ont rendu inutiles toutes les sommations ou interpellations ayant pour but de constituer en demeure ou d'annihiler la convention ; ainsi, en les assujétissant cependant aux dispositions du Code (art. 1230), on violerait à la fois la lettre et l'esprit de la convention, on priverait les contractants du bénéfice d'une dérogation au droit commun, on les entraînerait dans des frais et des lenteurs qui ne peuvent qu'entraver le cours d'opérations d'un puissant intérêt ; les tribunaux ne pourraient apporter de semblables modifications aux contrats sans excéder les pouvoirs qui leur sont attribués ;

« Considérant que N... ayant négligé à payer au bureau de la Compagnie la prime échue au premier août dernier, et sa maison ayant été incendiée plus d'un mois après les quinze jours qui ont suivi l'échéance, l'événement prévu par l'art. 5 de la police est arrivé ; le contrat d'assurance avait déjà cessé d'exister au moment de l'incendie ; d'où il suit que N... ne peut réclamer aucune indemnité, etc. »

La sentence arbitrale du 21 août 1829, relatée par MM. Grün et Joliat (tome II, p. 101), et confirmée par arrêt de la cour de Riom du 30 mai 1831, consacre de même, mais implicitement, ce principe, que l'assuré est obligé de payer la prime d'assurance au domicile de l'assureur ; en effet, cette sentence accorde une indemnité à l'assuré, parce qu'il était constaté en fait que la force majeure l'avait empêché seule de payer sa prime d'assurance au domicile de l'agent.

Arrêt de la Cour royale de Lyon du 29 *décembre* 1830, *cité dans la* JURISPRUDENCE GÉNÉRALE DU ROYAUME, de Dalloz, année 1832, 2e partie, p. 10.

« Considérant que la police d'assurance souscrite par Cyprien Monffray le 10 juin 1828 porte, art. 5, *qu'à défaut du paiement de la prime ou des billets de prime dans les délais déterminés, sans qu'il soit besoin d'aucune demande, d'aucune mise en demeure, l'assuré n'a droit en cas d'incendie à aucune indemnité, et la Compagnie peut à son choix ou résilier la police ou la maintenir et en poursuivre l'exécution ;* que le but de cette clause, qui se rencontre dans tous les contrats de ce genre, est de ne soumettre la Compagnie au paiement des sinistres qui deviennent aussitôt à sa charge qu'autant qu'elle sera couverte de la prime et de lui éviter aussi de poursuivre ceux qui ne paieraient pas le montant de leur police en les forçant à se libérer dans les délais convenus, sans mise en demeure et sans sommation, sous peine de n'être pas assurés, que sans une mesure aussi sage la Compagnie se verrait entraînée, à cause de la multiplicité de ses opérations et en

général à cause de la médiocrité des primes, dans une multitude de procès dont les frais absorberaient les bénéfices ; que la condition résolutoire formellement exprimée dans le contrat a pour effet, à défaut d'inexécution de la convention dans les délais convenus, de remettre les choses au même et semblable état que si l'obligation n'avait pas existé ; que le billet souscrit par Monffray au moment où la police d'assurance lui a été remise n'a eu d'autre objet que de lui accorder le délai d'un mois pour opérer le paiement qui, d'après l'art. 4 de la police, devait pour la première année être effectué au moment de la souscription, mais qu'on ne peut voir dans ce billet un paiement réel et effectif qui aurait opéré novation, puisqu'il est de principe que la novation ne se présume pas, qu'il faut que la volonté de l'opérer résulte clairement de l'acte, que le billet est *causé valeur montant d'une prime d'assurance due suivant la police n°* 18357 ; que ce billet et la police ne forment donc qu'un seul et même acte, une seule et même convention ;

Considérant que Monffray a laissé écouler plus de cinq mois sans opérer son paiement, et qu'il ne l'avait pas encore effectué lors de l'incendie qui éclata dans son domicile dans la nuit du 13 au 14 avril 1829, qu'il n'a donc qu'à s'imputer une négligence qui le prive aujourd'hui du droit de réclamer le montant du sinistre qui lui serait acquis s'il avait rempli son obligation dans le délai convenu, met l'appellation et le jugement dont est appel au néant (1). »

Arrêt de la Cour royale d'Agen, du 14 *août* 1833, *cité par le* JOURNAL DES ASSUREURS, de MM. Grün et Joliat (tome VI, p. 4).

« Attendu que Claoué, en vendant l'immeuble dont s'agit, a évidemment transporté sur la tête de son acquéreur tous les droits accessoires et garanties qui pouvaient y être attachés ; que, sous ce rapport, l'acquéreur a été évidemment mis aux lieu et place de son vendeur, que par suite il a dû profiter de tous les avantages qui compétaient au vendeur, avec d'autant plus de raison qu'il n'a été fait aucune espèce de réserve dans l'acte de vente ;

« Attendu qu'aux termes de la police d'assurance passée entre la Compagnie du Phénix et Claoué, la Compagnie s'était réservé le droit d'accepter ou de ne point accepter le nouvel acquéreur pour son assuré ; que dès lors elle était évidemment en droit de faire connaître sa volonté, dès que le nouvel acquéreur lui serait déclaré ;

(1) Cette interprétation d'une clause très-importante et très-usitée dans les polices nous paraît, dit M. Dalloz, pleine de rectitude et d'équité.

« Attendu qu'il est constant en fait et avoué par l'agent de la Compagnie, qu'aux termes de la police, Claoué avait fait connaître à la Compagnie la mutation et le nom de l'acquéreur ; que, dans ces circonstances, la Compagnie a gardé le plus absolu silence, qu'il est impossible de ne pas en induire alors que dès qu'elle n'avait pas demandé la résolution de l'assurance pour le temps qui restait à courir, que surtout elle n'avait pas remis à l'assuré les obligations qui lui avaient été consenties pour les termes à écheoir, elle avait accepté l'acquéreur pour son assuré, et consentait à exécuter la police jusqu'au terme qui y était stipulé ;

« Attendu qu'aux termes de l'art. 5 de la police, par le défaut de paiement de la prime dans le délai de quinzaine de l'échéance, l'assuré perd tout droit à l'indemnité, en cas d'incendie ; que cette clause est impérative et irritante, qu'elle a été volontairement consentie, qu'elle fait la loi des parties, qu'elle n'est contraire ni aux lois ni aux bonnes mœurs, qu'elle doit, par conséquent, obtenir sa pleine exécution ;

« Attendu qu'il est constant en fait qu'à l'époque de l'incendie, neuf mois s'étaient écoulés depuis l'échéance de la prime sans paiement ; que, par suite, et aux termes de ses conventions, la Compagnie s'est trouvée dégagée de toute obligation au paiement de l'indemnité ;

« Par ces motifs, etc. »

Nous verrons ultérieurement que la Cour royale de Paris, par arrêt du 27 janvier 1837, s'est prononcée contre l'assureur, en réformant une sentence arbitrale. Il importe néanmoins de relater ici, comme contenant les vrais principes, les motifs sur lesquels s'étaient appuyés l'un des arbitres et le tiers arbitre lui-même, pour donner gain de cause à l'assureur.

AVIS DE L'ARBITRE (1).

« En ce qui touche la question de savoir si le sieur Henri a droit à l'indemnité qu'il réclame ;

« Attendu qu'aux termes de l'art. 11 de la police d'assurance souscrite par les parties, la Compagnie ne doit pas d'indemnité pour les sinistres arrivés dans l'espace de temps pendant lequel l'assuré se trouve en retard de payer sa prime ;

« Attendu qu'à l'époque du sinistre qui a frappé le sieur Henri, celui-ci était, depuis plus de quatre mois, en retard de payer sa prime ; qu'il s'ensuit nécessairement que la Compagnie ne doit pas d'indemnité ;

(1) Cité par MM. Grün et Joliat, *Journal des assurances*, t. IV, p. 170.

« Attendu que c'est vainement qu'on allègue que, dans l'espèce, la prime était quérable et non portable, que dès lors c'est la faute de la Compagnie si le paiement n'en a pas été effectué, qu'elle ne saurait donc en exciper contre le sieur Henry; qu'en effet, d'abord, il est nullement établi que la prime fût quérable; qu'il résulte au contraire de la police et de l'usage constamment suivi en France par toutes les Compagnies d'assurances à primes; que la prime est portable; que c'est même là une condition, sinon de l'assurance, au moins du contrat;

« Qu'ensuite, quand même la prime eût été quérable, le sieur Henri, par cela même qu'il était en retard de la payer au moment du sinistre, n'en aurait pas moins encouru la perte de son droit, puisque, dans l'un comme dans l'autre cas, la disposition précitée de l'art. 11, qui ne distingue pas, doit l'atteindre, et reçoit également son application;

« Que d'ailleurs il ne tenait qu'à lui d'éviter cette déchéance; car en raisonnant toujours dans l'hypothèse que la prime fût quérable, il n'avait, comme tout autre débiteur qui a intérêt à se libérer, qu'à se présenter à cet effet au domicile du créancier, et au refus de ce dernier de recevoir le paiement de son dû, lui faire des offres réelles et consigner; d'où il résulte évidemment qu'il y a lieu de prononcer le rejet pur et simple de sa demande;

« En ce qui touche les dépens, attendu qu'ils doivent être mis à la charge de la partie qui succombe; par ces motifs, j'estime qu'il est juste de débouter le sieur Henri de la demande par lui formée contre la Compagnie du Soleil, et de le condamner aux dépens. »

Signé GRÜN, avocat.

AVIS DU TIERS ARBITRE.

« Considérant, en droit, qu'aux termes de l'art. 113 du Code civil, le débiteur est constitué en demeure par l'effet de la convention et sans qu'il soit besoin d'acte, lorsque cela a été ainsi stipulé;

« Considérant que cette stipulation se rencontre claire et formelle dans l'art. 11 de la police d'assurance présentée par Henri, le demandeur; que cette clause exclut toute idée d'une dette quérable et renferme une stipulation virtuelle de portabilité que le défaut d'indication du lieu de paiement dans la police du sieur Henri ne saurait détruire;

« Considérant d'ailleurs et en fait que la portabilité de la prime était stipulée par toutes les Compagnies d'assurances, et qu'on ne peut supposer facilement que la Compagnie du Soleil ait voulu, dans l'espèce, déroger à un usage sans lequel aucune Compagnie d'assurance ne pourrait se soutenir, puisque les frais de mettre en demeure, quérir et poursuivre absorberaient et bien au-delà les primes très-faibles, c'est-à-dire la presque totalité des primes ;

« Qu'il suit de là que, soit qu'on s'arrête à la stipulation elle-même, soit qu'on s'en réfère à l'intention des parties, il faut dire que la prime a été constituée portée par l'assuré ;

« Considérant que le sieur Henri se prévaudrait inutilement de ce fait, que plusieurs fois la Compagnie a envoyé elle-même quérir chez lui, par un sous-agent, la prime dont il était débiteur ; que de ce fait ou de cet usage on ne peut induire une dérogation à la clause de portabilité, puisque le contrat subsistant malgré le retard de l'assuré, la Compagnie avait toujours intérêt à recouvrer la prime à elle due, et que sa conduite se trouve ainsi clairement expliquée ; qu'il en serait autrement, sans doute, si la résolution du contrat avait été stipulée par la Compagnie en cas de simple retard, parce que le recouvrement successif des primes serait alors un abandon de la clause résolutoire ; que dans l'espèce, au contraire, la clause portée en l'art. 11 de la police n'est qu'une clause pénale qui suppose la continuation du contrat, tout en faisant perdre à l'assuré, pendant un nombre de jours plus ou moins considérable, suivant que sa négligence a été plus ou moins grande, le droit à l'indemnité en cas de sinistre ; que cette clause pénale, quelque rigoureuse qu'elle soit, est à la fois claire et licite, et que le juge, chargé de décider dans les termes du droit, doit en faire application aux parties ;

« Considérant que Henri était, au moment du sinistre, en retard de payer la prime par lui due et échue depuis plusieurs mois ;

« Nous déclarons Henri non-recevable en sa demande contre la Compagnie du Soleil et nous le condamnons aux dépens. »

Signé OINVILLIERS, avocat.

Arrêt de la Cour royale de Paris, du 6 *mars* 1838, *cité dans le* JOURNAL DES ASSUREURS, de MM. Grün et Joliat (tome V, p. 363).

« Considérant que l'art. 5 de cette police stipule formellement que la prime d'assurance est payable d'avance et comptant, au domicile de la Compagnie, à Paris, et qu'à défaut de paiement de cette prime ou du billet qui la représente, dans la quinzaine de son échéance, et sans qu'il soit besoin d'aucune demande ni mise en demeure, l'assuré n'a droit, en cas d'incendie, à aucune indemnité ;

« Considérant que cette clause, qui a seulement pour but de suspendre de plein droit l'effet de l'assurance à l'égard de l'assuré, par cela qu'il y a de sa part refus ou retard de paiement de la prime, est licite et parfaitement conciliable avec celle par laquelle la Compagnie se réserve en outre la faculté de résilier absolument la police sur simple notification, ou d'en poursuivre l'exécution.

« Considérant que la prime d'assurance due par Poupinel, pour l'année qui devait courir du 3 juin 1836 au 3 juin 1837, était payable le 3 juin 1836, et que Poupinel ne justifie, ni par la représentation d'une quittance ni par la production d'un billet de prime acquitté, qu'il s'en soit libéré; qu'il ne fait non plus cette justification par aucun livre de commerce;

« Considérant que c'est à la date du 3 mars 1837, neuf mois après l'échéance de cette prime annuelle restée impayée, qu'a eu lieu le sinistre dont Poupinel demande la réparation; que la difficulté du procès se réduit donc à savoir si l'usage adopté par la Compagnie d'assurances générales, usage avoué par elle et qu'elle prétend avoir été observé dans la circonstance, de faire présenter à l'échéance, au domicile des assurés, les quittances ou billets de prime dus par eux, entraîne dérogation à la stipulation de l'art. 5, en rendant la prime quérable, de portable qu'elle aurait été d'après cet article;

« Considérant, à cet égard, que s'il y a lieu de reconnaître que l'usage, adopté par les compagnies d'assurances, de faire présenter au domicile des assurés les quittances ou billets de prime, peut avoir pour effet d'entretenir les assurés dans une sécurité dangereuse, en ce sens qu'ils ne se préoccupent pas de la nécessité d'en porter le montant, à l'échéance, au domicile de la Compagnie, il faut reconnaître aussi que cet usage, d'autant plus exactement observé par les Compagnies qu'elles ont intérêt à opérer leurs encaissements, est également avantageux pour les assurés, puisqu'il a pour résultat de les mettre en garde contre leur propre négligence;

« Considérant qu'il serait contraire aux principes, en même temps qu'injuste en fait, d'induire de cet usage une dérogation à la stipulation si formelle, si explicite, contenue en l'art. 5 de la police, et selon laquelle la Compagnie d'assurances est affranchie du sinistre, sans mise en demeure, lorsque la prime d'assurance n'a pas été payée; qu'une telle solution serait contraire aux principes, par cela que la volonté de déroger à une stipulation grave, essentielle pour les Compagnies d'assurances à primes, et uniformément adoptée par elles, ne doit pas facilement se supposer, et que cette dérogation n'est pas une conséquence nécessaire du fait, que la Compagnie, en présentant le billet ou la quittance de la prime au domicile de l'assuré, rappelle à son souvenir l'échéance qu'il a pu oublier;

« Que cette solution serait injuste en fait, parce que la clause contenue en l'art. 5 de la police est une clause nécessaire, et sans laquelle il est évident que les Compagnies d'assurances mobilières à primes ne pourraient utilement se constituer, au grand détriment du public lui-même ; qu'en effet, il est impossible de comprendre l'exploitation utile d'une Compagnie d'assurances mobilières, si à défaut de paiement des primes d'assurances, presque toujours minime, la Compagnie ne pouvait s'affranchir de l'obligation de payer les sinistres ultérieurs de l'assuré retardataire qu'en faisant constater, par des actes d'huissier, qui se multiplieraient à l'infini, et qui, pour la plupart du temps, tomberaient en pure perte pour elle, ce refus ou retard de paiement ;

« Qu'en résumé il faut reconnaître que si l'assuré est, en pareil cas, privé, pour le sinistre dont il est frappé, du bénéfice de l'assurance, il doit l'imputer à l'inattention, et, par suite, à l'inexactitude par lui apportée dans le paiement de la prime ; puisque son contrat l'obligeait d'en faire le versement au domicile de l'assureur, sous peine de déchéance de plein droit ;

Par ces motifs, déclarons le sieur Poupinel mal fondé dans sa demande, et dont il est débouté, etc., etc.

La troisième chambre du Tribunal civil de la Seine a jugé le 24 février 1844 :

« Que toutes les clauses d'une police d'assurance sont obligatoires pour l'assuré, sans distinction des clauses manuscrites ou imprimées ; spécialement, la clause imprimée qui dispose qu'à défaut de paiement par l'assuré de la prime annuelle, à l'échéance ou dans le délai de grâce de quinzaine, il sera déchu de plein droit, sans sommation ni mise en demeure, du bénéfice de l'assurance, doit être appliquée, et ne peut être réputée comminatoire. (DUBROCA, *Revue des assurances*, tome I, p. 170.)

La Cour royale de Paris, par arrêt du 24 juin 1847, cité par M. Lehir, *Journal de l'Assureur et de l'Assuré*, tome I, p. 26, a décidé qu'une Compagnie mutuelle peut, en cas de sinistre survenu après le mois, à compter du premier acte de poursuites, exciper du défaut de paiement de la contribution mutuelle pour s'affranchir de l'indemnité, quoiqu'elle n'ait pas usé du droit qu'elle avait de résilier la police ; qu'en effet la clause pénale de déchéance est indépendante du maintien ou de la résolution du contrat d'assurances.

Cette décision est évidemment applicable aux Compagnies à primes.

Voici les motifs de cet arrêt :

« Considérant qu'il s'agit au procès d'une Compagnie d'assurances mutuelles, dans laquelle chaque sociétaire est en même temps assureur et assuré ; qu'à ce double titre il contracte des engagements comme il a droit à des avantages ;

« Considérant que la police d'assurance dont il s'agit contient, article 16, deux dispositions distinctes et indépendantes l'une de l'autre ; que par la première le sociétaire en retard qui n'aura pas payé sa contribution d'un mois, à compter du premier acte de poursuite, perd tous droits à l'indemnité, en cas de sinistre arrivé avant le paiement de sa contribution ; que par la seconde, le fait de non paiement des sommes réclamées dans le mois du premier acte de poursuite entraîne la résiliation de l'assurance, si la Société l'exige ;

« Considérant que la déchéance de l'indemnité est une clause pénale dont l'application peut être légalement requise, indépendamment du maintien ou de la résolution du contrat d'assurance, etc., etc. »

Jugement du tribunal d'Evreux du 30 *novembre* 1848.

« Attendu qu'aux termes des conventions arrêtées entre le sieur Delahaye et l'agent de la Compagnie l'Indemnité, il fut expressément stipulé qu'à défaut de paiement de la prime dans la quinzaine et sans qu'il soit besoin d'aucun acte de mise en demeure, l'assurance se trouverait suspendue et l'assuré n'aurait droit à aucune indemnité ;

« Attendu que le sieur Delahaye n'avait pas payé, lors du sinistre arrivé dans la nuit du 28 au 29 mai 1848, la prime d'assurance échue le 27 mai 1847 ;

« Qu'il n'a fait subrepticement le paiement de cette prime, ainsi que celle due au 27 mai 1848, qu'après le sinistre survenu et avant que les préposés de la Compagnie eussent été prévenus de l'incendie qui venait d'arriver ;

« Qu'en cet état il ne peut arguer des quittances qu'il a obtenues de l'agent par un moyen de mauvaise foi ;

« Attendu qu'en vain il voudrait objecter que les primes étaient habituellement payables à son domicile et qu'il les acquittait lorsque l'agent venait les toucher ou en faisait demander le remboursement par ses correspondants ;

« Attendu qu'il résulte des faits que depuis l'assurance il a payé aussi souvent entre les mains de l'agent, à Vernon, que celui-ci est venu toucher chez lui ;

« Attendu que cette allégation ne détruit aucunement les conventions;

« Attendu que la Compagnie déclare restituer les deux années de prime qu'elle a touchées pour 1848 et 1849;

« Qu'en outre elle demande la résiliation des conventions;

« Attendu que le sieur Delahaye n'a pas exécuté le traité;

« Que la demande de la Compagnie est bien fondée et doit être accueillie;

« Quant aux dépens, etc.;

« Déclare le sieur Delahaye mal fondé dans sa demande, l'en déboute et le condamne aux dépens, etc. »

Jugement du tribunal de Mondidier, du 27 décembre 1848, cité par la Gazette des Affaires *du* 19 *mai* 1849.

« Attendu que c'est par le fait de Haddinger, et non par celui de l'agent d'assurances, que le retard du paiement de la prime s'est prolongé jusqu'au jour du sinistre qui a eu lieu sans qu'il ait accompli cette obligation;

« Que dès lors, et d'après les clauses mêmes de la police (art. 4), le contrat n'a point été consommé, et que Haddinger est mal fondé à réclamer, contre la Compagnie, l'indemnité à laquelle il aurait droit s'il avait acquitté la prime antérieurement;

« Le tribunal, jugeant en dernier ressort, déclare Haddinger non recevable et mal fondé dans sa demande, l'en déboute..., etc. »

Jugement du tribunal de Saint-Quentin, du 25 *avril* 1849.

« Attendu, en droit, qu'un contrat d'assurance est un contrat synallagmatique dans lequel les engagements pris par une partie sont corrélatifs à ceux contractés par l'autre; que, si l'un des contractants n'exécute pas les obligations qui lui sont imposées par la convention, il est naturel que son adversaire puisse demander la résolution de l'assurance; que c'est la conséquence du principe de droit d'après lequel la condition résolutoire est toujours sous-entendue dans les contrats synallagmatiques, pour le cas où une des deux parties ne satisferait pas à son engagement.

« Attendu, en fait, qu'il est dit dans les premiers paragraphes de l'art. 9 des statuts de la Compagnie *La France : Le paiement des primes d'assurances s'effectue d'avance et annuellement, au domicile de la Compagnie, à Paris ou à celui de ses agents généraux dans les départements.*

« *Celle de la première année est payée comptant, lors de la signature de la police, quand l'assurance a immédiatement son effet. Dans le cas contraire, la prime de la première année est payable le jour où l'assurance doit commencer. Dans tous les cas, la police n'a d'effet qu'après le paiement de la prime de la première année.*

« Attendu que le sieur Caron a accepté cette clause pénale;

« Qu'il est constant que non-seulement il a négligé de payer la prime au domicile de l'agent de la Compagnie, à Saint-Quentin, mais qu'il a refusé de s'acquitter de cette obligation quand cet agent s'est présenté chez lui pour lui demander le paiement de cette prime, en le prévenant des conséquences de ce refus;

« Attendu que cette prime fût-elle portable et non quérable, le sieur Caron n'en serait pas moins en défaut, puisqu'il n'a pas plus porté l'argent au lieu du paiement indiqué dans la convention qu'il n'a consenti à en donner quand l'agent s'est présenté chez lui;

« Attendu que le défaut de paiement de la prime à l'échéance constitue l'inexécution de la principale obligation de l'assuré, surtout quand il a été prévenu qu'il eût à payer cette prime, sinon que ce non-paiement motiverait la résolution du contrat. »

Par ces motifs,

Le tribunal, faisant droit, jugeant en premier ressort, déclare le demandeur non recevable dans les conclusions prises à la charge de la Compagnie *La France*, et le condamne aux dépens liquidés, à 8 fr. 5 c., y compris jugement de remise, mise au rôle, mais non compris ces présentes, enregistrement et tous autres droits, etc.

M. Dubroca (*Revue des Assurances*, t. I, p. 170 et 276) dit que les Cours de Rennes et de Bordeaux ont décidé que l'assureur qui n'a point reçu la prime d'assurance est délié de ses obligations. Nous n'avons pu, malgré nos recherches, retrouver ces arrêts dans les recueils de jurisprudence.

Dans notre prochaine livraison nous citerons un jugement prononcé en faveur de l'assureur, par un de MM. les juges de paix de Paris que les parties avaient pris pour juge en dernier ressort.

Nous relaterons encore une sentence arbitrale très-remarquable de MM. Flandin et Dubrut, avocats.

Enfin, nous ferons connaître à nos lecteurs une nouvelle sentence arbitrale rendue récemment à Rouen contre l'assuré ayant éprouvé un sinistre, mais qui était en retard de payer sa prime.

Il conviendrait maintenant d'aborder (et c'est la partie la plus importante de notre travail); les jugements et arrêts qui dans l'espèce ont prononcé contre l'assureur; mais nous devons d'abord rappeler sommairement les motifs des jugements et arrêts que nous avons énoncés, mettre en saillie leurs principaux considérants au point de vue de l'équité et du droit.

(La suite à la prochaine livraison.)

Un huissier qui donne des citations en paiement d'assurances est-il obligé de faire timbrer et enregistrer préalablement les polices?

Une question importante s'agite en ce moment dans toute la France par suite des prétentions de l'administration de l'Enregistrement. Le fisc vient de découvrir ce qu'il avait ignoré pendant plus de vingt-cinq années. Deux arrêts de la Cour de cassation lui ont tout à coup révélé ses droits. Voici les faits qui ont donné lieu au procès de l'Enregistrement contre deux huissiers de Paris :

A la date du 9 décembre 1848, l'administration de l'Enregistrement a décerné une contrainte contre Me Jeanne, huissier, de Paris, pour avoir cité des assurés en paiement de primes sans avoir fait timbrer et enregistrer préalablement les polices. L'administration de l'Enregistrement appuyait ses prétentions sur l'article 42 de la loi du 22 frimaire an VII, qui porte qu'*aucun notaire, huissier*, etc., etc., *ne pourra rédiger un acte en vertu d'un acte sous-seing privé*, etc.

Me Jeanne, huissier, a formé opposition à la contrainte décernée par l'administration de l'Enregistrement, et l'a assignée, devant le tribunal civil de la Seine, pour s'en faire décharger.

Dans le Mémoire signifié avant la prononciation du jugement, l'huissier soutient :

1° Que les contrats d'assurances terrestres peuvent résulter de conventions verbales; 2° que, par son ministère, il ne peut refuser de citer, purement et simplement, des assurés en paiement de primes; que par suite la contrainte décernée contre lui doit être annulée.

A la date du 9 avril 1849, la deuxième chambre du tribunal civil de la Seine a accueilli ce système de défense, par les motifs du jugement suivant :

« Attendu que si, aux termes de l'art. 332 du Code de commerce, le contrat d'assurance maritime doit être rédigé par écrit, il ne résulte d'aucun texte de loi qu'il en doive être de même des assurances terrestres ;

« Attendu, en fait, qu'il n'est nullement prouvé que les exploits du ministère de Jeanne en date des 4 janvier, 29 juillet, 12 août, 10 septembre, 19, 23 et 27 octobre 1847 se référassent à des actes écrits non enregistrés, et qu'il fût personnellement instruit de l'existence de pareils actes ;

« Vu d'ailleurs l'art. 57 de la loi du 28 avril 1816 ainsi conçu :

« Lorsque, après une sommation extra-judiciaire, une demande tendant « à obtenir un paiement, une livraison, ou l'exécution de toute autre con- « vention, dont le titre n'aurait pas été indiqué dans ledit exploit, ou qu'on « aura simplement énoncée comme verbale, on produira au cours d'instance « des écrits, billets-lettres ou tout autre écrit émané du défendeur, qui « n'auraient pas été enregistrés avant ladite demande ou sommation ; le « double droit sera dû, et pourra être exigé ou perçu lors de l'enregistre- « ment du jugement intervenu. »

« Attendu qu'il résulte de cette disposition, laquelle a parfaitement prévu la contravention dont il s'agit au débat, que ce n'est pas sur l'huissier, mais sur la partie elle-même que doit tomber, en pareil cas, la peine du double droit ; qu'ainsi fût-il prouvé, le fait imputé à l'huissier Jeanne ne saurait encore, aux termes dudit article, justifier les poursuites dont il est l'objet ;

« Par ces motifs, sans s'arrêter aux moyens développés dans le Mémoire de l'administration, reçoit Jeanne opposant à la contrainte décernée contre lui.

« Le décharge, en conséquence, de l'effet de ladite contrainte et condamne l'administration de l'Enregistrement aux dépens. »

En marge est écrit :

« Enregistré à Paris le 30 août 1849, folio 174, case 5. Reçu 6 fr. 60 c., « dixième compris. *Signé :* GAUTHIER.

Dans la même audience, le tribunal a prononcé un jugement semblable en faveur de Mᵉ Berrurier, huissier à Paris.

Nous croyons devoir citer non-seulement le jugement du tribunal civil de la Seine, mais encore, du moins en partie, les mémoires qui ont été signifiés de part et d'autre. Ces documents jettent en effet un jour complet sur la question et mettront notre lecteur à même de l'apprécier.

Mémoire signifié par l'administration de l'Enregistrement.

A MM. les présidents et juges composant la deuxième Chambre du tribunal civil de première instance de la Seine.

Mémoire pour l'administration de l'Enregistrement et des domaines, etc.

FAITS.

M. Jeanne, huissier, demeurant à Paris, a signifié huit actes de citation ou de commandement, les 4 janvier, 29 juillet, 12 août, 10 septembre, 19, 23 et 27 octobre 1847, en vertu de contrats d'assurance contre l'incendie, passés par les Compagnies l'Urbaine et l'Indemnité, sans que les polices aient été préalablement enregistrées. Il a par ce fait contrevenu à l'art. 42 de la loi du 22 frimaire an VII et encouru huit amendes de 10 fr. prononcées par l'art. 10 de la loi du 16 juin 1824; une contrainte a été décernée contre lui, le 13 décembre 1848, en paiement de ces amendes et des droits de timbre et d'enregistrement des polices d'assurance dont il est personnellement responsable, d'après l'art. 42 de la loi du 22 frimaire an VII; M. Jeanne a formé opposition par exploit du 22 décembre 1848; il expose qu'il ne résulte pas des actes des 4 janvier, 9 juillet 1847, qu'il ait agi en vertu de contrats d'assurance et surtout d'assurance contre l'incendie, puisqu'il s'est contenté de demander le paiement de primes, sans faire connaître l'origine de la dette; qu'en admettant qu'il s'agisse d'assurance contre l'incendie, rien ne constate que ces assurances aient été faites conformément aux statuts; que, dans tous les cas, l'huissier n'est pas autorisé à exiger des requérants la justification du titre sur lequel ils font reposer leur demande; que son ministère est forcé, même lorsqu'on lui dit qu'il n'y a pas de titre; qu'en fait il n'a pas de polices écrites; que les actes ont été rédigés sur notes émanant du bureau du contentieux; que les deux arrêts de la Cour de cassation des 23 novembre et 15 décembre 1846, invoqués par l'administration, ne sont pas applicables dans l'espèce, qu'ils sont relatifs à la contravention commise par un notaire pour agir dans les actes, en vertu de contrats d'assurance, sans énoncer l'enregistrement de la police; que dans l'espèce il s'agit d'un huissier, qui ne peut, comme le notaire, demander la justification des pièces aux parties.

DISCUSSION.

L'art. 23 de la loi du 22 frimaire an VII porte : « Il n'y a point de délai de rigueur pour l'enregistrement de tous autres actes que ceux mentionnés dans l'article précédent qui seront faits sous signature privée, ou passés en pays étranger : mais il ne pourra en être fait aucun usage, soit par acte public, soit en justice ou devant toute autre autorité constituée, qu'ils n'aient été préalablement enregistrés. » L'art. 42 de la même loi est ainsi conçu : « Aucun notaire, huissier, greffier, secrétaire ou autre officier public, ne « pourra faire ou rédiger un acte en vertu d'un acte sous seing-privé ou « passé en pays étranger, l'annexer à ses minutes, ni le recevoir en dépôt, « ni en délivrer extrait, copie ou expédition, s'il n'a été préalablement « enregistré, à peine de 50 fr. d'amende, et de répondre personnellement « du droit, sauf l'exception mentionnée dans l'art. précédent. » Un officier public ne peut donc faire ou rédiger un acte en vertu d'un acte sous seing-privé, non enregistré, sans contrevenir à la loi. Il n'est pas nécessaire, pour que la contravention existe, que l'acte sous seing-privé soit expressément mentionné dans l'acte authentique ; *il suffit que la convention relatée dans l'acte public* soit du nombre de celles qui *par leur nature, par les stipulations qui les constituent et par les effets qu'elles sont appelées à produire, exigent, dans l'intérêt de toutes les parties*, l'usage d'écriture pour les constater. Dans ce dernier cas, en effet, se référer à la convention des parties, c'est énoncer par cela même la forme sous laquelle elle a été établie, c'est, en un mot, rédiger l'acte public en vertu de l'acte sous seing-privé qui constate nécessairement la convention des parties.

Or, en droit, il résulte de la combinaison des art. 1964 du Code civil et 332 du Code de commerce, que le contrat d'assurance doit être rédigé par écrit.

En fait, les statuts des Compagnies l'Urbaine et l'Indemnité imposent l'obligation de constater l'assurance par acte sous seing-privé appelé police.

Les statuts de la Compagnie l'Urbaine portent en effet (art. 5) : « Dans « aucun cas, l'acceptation ou le paiement de la prime, avant la signature « de la police, n'oblige en rien ni l'assuré, ni la Compagnie. Art. 6, l'assuré « doit déclarer et faire mentionner sur sa police, sous peine de n'avoir droit, « en cas d'incendie, à aucune indemnité. Les art. 8, 9 et 10 des mêmes « statuts imposent, en termes non moins formels, l'obligation de rédiger « une police. »

Les statuts de la Compagnie l'Indemnité portent (art. 3) : « L'assuré est « tenu de déclarer et de faire mentionner dans sa police, etc. Art. 5. Si l'as- « suré a fait couvrir, avant la date de la présente police, les objets sur les- « quels, etc. Art. 6. La Compagnie se réserve le réserve le droit de résilier « la police. »

De ce qui précède, on doit conclure que l'huissier Jeanne, en se référant aux assurances contractées par les compagnies l'Urbaine et l'Indemnité, s'est référé par cela même aux polices ou actes sous seing-privé qui constataient les assurances et a contrevenu à l'art. 42 de la loi du 22 frimaire an VII, faute d'avoir justifié de l'enregistrement de ces polices. C'est ce que la Cour de cassation a consacré par deux arrêts des 23 novembre et 15 décembre 1846 (Instruction générale 1786, p. 1er). L'arrêt du 23 novembre porte ce qui suit : « Attendu que les assurances contre l'incendie sont des « conventions qui par leur nature, par les stipulations qui les constituent et « par les effets qu'elles sont appelées à produire, exigent, dans l'intérêt « de toutes les parties, l'usage de l'écriture pour les constater ;

« Attendu que la Compagnie d'assurances générales, dont il s'agit au pro« cès, a déclaré elle-même dans ses statuts, qui ont été insérés au Bulletin « des lois, que les assurances qu'elle pourra consentir ne seront obligatoires « qu'autant qu'elles auront été signées par un administrateur et par le di« recteur de la Compagnie ;

« Attendu qu'il suit de là la preuve que les assurances mentionnées par « le notaire dans les six actes de prêts qu'il a reçus avaient été rédigés par « écrit ;

« Attendu que déclarer dans les termes employés dans ces actes l'exis« tence desdites assurances, c'était énoncer nécessairement la forme sous « laquelle elles avaient été établies ;

« Attendu qu'un notaire ne peut faire ni rédiger un acte en vertu d'un « acte sous seing-privé, si cet acte n'a été préalablement enregistré, ou s'il « ne demeure annexé à celui qui en fait mention, et ne soit enregistré aupa« ravant, à peine de 50 fr. d'amende, et d'être personnellement responsa« ble des droits ;

« Attendu que les polices d'assurance qui garantissaient, en cas d'incen« die, les maisons données en hypothèque au prêteur dans les dix actes « reçus par le notaire Gautron, n'ont pas été soumises à la formalité de « l'enregistrement, que dès lors ce notaire avait formellement contrevenu « aux prescriptions qui lui étaient faites par la loi. »

M. Jeanne expose qu'il ne résulte pas de ses actes qu'il ait agi en vertu d'assurances et surtout d'assurances contre l'incendie. Les exploits sont faits à la requête des Compagnies l'Urbaine et l'Indemnité ; les statuts de ces Compagnies portent qu'elles assurent contre l'incendie et contre le feu du ciel les propriétés mobilières et immobilières ; il ne peut donc y avoir doute sur ce point. Poursuivre en paiement de primes dues à ces Compagnies, c'est poursuivre pour fait d'assurance, et le cas rentre dès lors sous l'application des deux arrêts de la Cour de cassation.......... L'administration de l'Enregistrement ajoute que l'huissier est responsable parce que les assurances ont été faites conformément aux statuts et qu'il résulte implicitement des termes prohibitifs de la loi de frimaire que l'huissier est autorisé à exiger d'une partie la justification de son titre...... Par ces motifs, le directeur soussigné conclut à ce qu'il plaise au Tribunal ordonner l'exécution de la contrainte, débouter M. Jeanne de son opposition et le condamner aux dépens.

Fait à la Direction de l'Enregistrement, à Paris, le 18 juin 1849.

Signé : GRESY.

Mémoire en réponse signifié par Me *Jeanne, huissier.*

Nous ne rappellerons pas les faits suffisamment énoncés dans le mémoire de l'Enregistrement.

DISCUSSION.

Pour faire connaître la difficulté dont s'agit, il est nécessaire de se reporter au contexte des actes incriminés. Ils sont ainsi conçus :

A la requête de la Compagnie d'assurances...

J'ai, Stanislas Jeanne, huissier... Cité... à comparaître...

Pour s'entendre condamner à payer à ladite Compagnie la somme de... qu'il lui doit pour primes, ainsi *qu'il en sera justifié au besoin.*

Un ou deux de ces actes seulement contiennent après les mots *pour primes* le mot *d'assurance.*

Où peut-on voir dans la rédaction de pareils actes qu'ils ont été faits ou rédigés en vertu d'un acte sous seing privé non enregistré? Il n'est aucunement fait mention qu'il existe des conventions, même verbales, entre les parties, et ces actes se bornent à formuler une prétention sans indiquer d'où elle résulte, sur quoi elle s'appuie, se bornant à dire qu'il en sera justifié au besoin.

Que l'administration de l'Enregistrement sollicite donc une loi qui établisse ses droits d'une manière positive et qu'elle ne frappe pas sans droit des officiers ministériels qui, si la prétention de l'Enregistrement était admise, pourraient se trouver complétement ruinés par la quantité d'amendes qu'ils auraient innocemment encourues dans les innombrables assignations qu'ils ont été appelés à commettre à la requête des Compagnies d'assurances.

L'administration de l'Enregistrement ne peut se dissimuler que l'acte public, c'est-à-dire l'assignation, ne contient aucune trace matérielle ostensible ou dissimulée du prétendu acte sous seing privé non enregistré, dont elle soutient l'existence ; ainsi donc elle violente le sens de l'art. 42 de la loi de frimaire an VII.

Que veut cet article?

« Qu'il ne puisse être fait ou rédigé aucun acte en vertu d'un acte sous « signature privée ou passé en pays étrangers, l'annexer à ses minutes « ni le recevoir en dépôt, ni en délivrer extrait, copie ou expédition, sans « qu'il soit préalablement enregistré. »

C'est-à-dire que la loi a voulu que lorsque matériellement un acte non enregistré serait présenté à un officier public pour qu'il agisse en vertu de cet acte, il refuse son ministère, à moins que l'acte ne soit préalablement revêtu de l'enregistrement ; mais la loi a-t-elle jamais voulu astreindre un officier public, quel qu'il soit, à rechercher, scruter la conscience de ses clients pour voir si derrière leur prétention ou demande il se cache un acte sous signature privée qui soit irrégulier? Evidemment non! Et lorsque l'administration de l'Enregistrement vient citer de nombreux articles des statuts de la Compagnie l'Urbaine pour démontrer que les assurances doivent être traitées par écrit, il en résulte qu'elle accorderait à l'huissier instrumentaire le droit et le devoir de forcer ses clients à lui représenter, lorsque ce serait une Compagnie à la requête de laquelle il agirait, ses statuts ou son acte social, à l'effet par lui de juger si la prétention qu'elle formule est conforme à son statut social, ce qui aurait pour résultat de rendre l'huissier juge du procès de sa partie, prétention qui est évidemment insoutenable.

Le ministère de l'huissier est forcé, et s'il le refuse il peut être destitué.

Or, une Compagnie commerciale, quelle qu'elle soit, a le droit de dire à un huissier : Je vous requiers d'assigner Pierre ou Paul à me payer telle somme qu'il me doit ainsi que je le justifierai s'il le dénie; quant aux moyens que j'emploierai pour justifier ma demande, et à l'égard du bien fondé de ma prétention, cela ne vous regarde pas. Et si un huissier refusait sous prétexte qu'il veut préalablement voir les statuts de cette Société pour s'assurer si ces statuts lui permettent de formuler sa prétention sans présenter un contrat écrit, cet huissier, dis-je, encourrait des peines disciplinaires fort graves.

On ne lui présente aucun acte, il ne fait ou rédige donc pas son acte public en vertu d'un autre acte irrégulier.

Toute la question est là : l'huissier est-il tenu de connaître, oui ou non, les statuts sociaux qui régissent ses clients; en d'autres termes peut-il se porter juge préalable de la validité de leurs prétentions?

Il y a plus. De nombreuses décisions ont déclaré que la rédaction d'un acte appartient à la partie et que l'huissier ne peut refuser de le signifier lorsqu'il ne contient rien contre la loi ou l'ordre public. Or nous laissons à la conscience des magistrats à décider si les actes incriminés contiennent intrinsèquement, et abstraction faite des suppositions de l'administration, quelque chose contre la loi ou l'ordre public.

Que dire de la citation faite par l'administration des art. 1964 du Code civ. et 332 du Code de com.? Evidemment ils sont sans influence et inapplicables dans l'espèce. En effet, il est constant et admis par tous les auteurs que l'écrit n'est pas de l'essence de l'assurance.—La Cour de Rouen, par deux arrêts cités dans Dalloz (*v° Assurances terrestres*), a décidé que le contrat d'assurances peut être formé verbalement lorsque d'ailleurs les parties contractantes sont tombées d'accord sur les choses essentielles de la convention.

Si la rédaction par écrit est indispensable pour la validité de l'assurance maritime, c'est une exception au droit commun, et il faut revenir aux principes généraux de la loi civile pour les assurances terrestres (V. Armand Dalloz, *v° Ass. terr.*, § 5, n°s 76 et 77).

Restent les deux arrêts de cassation sur lesquels l'administration s'appuie bien fort; mais ces deux arrêts sont-ils applicables à l'affaire actuelle?

Dans les deux espèces il s'agissait de notaires qui transportaient à des tiers le bénéfice d'assurances faites. Or, par le fait du transport, ils constataient l'existence de l'assurance. Il y a plus. Les notaires avaient dû s'assurer de la validité des contrats objet du transport, et en fait ils avaient les polices sous les yeux. Tandis que dans l'affaire actuelle il ne s'agit que de formuler une prétention qui peut parfaitement être mal fondée.

Pour rédiger le transport il était indispensable que le notaire eût sous les yeux le contrat cédé, tandis que pour faire des citations l'huissier Jeanne n'avait nullement besoin de voir les polices, s'il en existe, et en fait il ne les a jamais vues. Et si la bonne foi pouvait être invoquée en pareille matière, M. Jeanne pourrait citer à M. le directeur de l'Enregistrement que lorsqu'il s'est adressé à M. Demommerot, receveur, pour avoir copie des polices et statuts des Compagnies, M. Demommerot s'est lui-même adressé à M. Jeanne, qui, à l'instant même, lui livra tous ses dossiers pour voir si l'on en pourrait trouver; les recherches furent négatives.

Opposera-t-on encore deux jugements, l'un du tribunal de Rouen, l'autre du tribunal de Saverne? Mais ces deux jugements ont évidemment fait une fausse application de la loi de frimaire et de l'art. 332 du Code de commerce; nous avons déjà démontré la portée, le vrai sens de cette loi et de l'article précité.

En résumé, l'écrit n'est pas de l'essence du contrat. Une police d'assurance faite sans écrit est donc valable et n'est défendue par aucune loi. Les statuts des Compagnies n'interdisent pas, à peine de nullité, de traiter de cette manière. D'ailleurs, ces statuts ne peuvent être invoqués par des tiers, et l'administration de l'Enregistrement est ici une tierce personne. En second lieu, un assuré lui-même pourrait-il les invoquer, puisque plusieurs arrêts ont décidé que la violation des statuts ne peut être opposée à l'assuré? Or, le droit doit être réciproque. — Dans tous les cas, l'huissier ne peut refuser son ministère pour formuler la prétention de l'assureur.

Si le système de l'administration était admis, et si un huissier devait être condamné à une amende chaque fois qu'il y a présomption qu'un acte existe et qu'il n'est pas fourni par les parties, il est certain que sur les trois cinquièmes de ses actes il devrait payer l'amende; car, soit qu'il s'agisse de ventes, locations, obligations ou tous autres engagements, on pourrait, avec autant et souvent plus de raison que dans l'espèce actuelle, soutenir qu'il existe des conventions écrites; de sorte que l'huissier ne pourrait plus formuler un seul acte sans rechercher s'il existe un acte écrit.

Par ces motifs, M. Jeanne conclut à ce qu'il plaise au tribunal déclarer nulle la contrainte décernée contre lui, et condamner l'administration aux dépens.

Paris, le 14 juillet 1849.

Signé JEANNE.

Mémoire supplémentaire pour M. Jeanne, huissier à Paris,

CONTRE

L'administration de l'Enregistrement et des domaines,

CONSULTATION DE Mᵉ RIGAUD, AVOCAT A LA COUR DE CASSATION.

Le conseil soussigné, après avoir pris lecture de la contrainte signifiée à Mᵉ Jeanne, huissier, le 13 décembre 1848, ainsi que des mémoires respectivement signifiés, est d'avis des solutions qui suivent :

En fait, M. Jeanne, huissier à Paris, a signifié, à la requête des Compagnies d'assurances l'Urbaine et l'Indemnité, des exploits d'assignation en paiement de sommes dues à ces compagnies *pour primes, ainsi qu'il en sera justifié au besoin.* Quelques-uns de ces exploits disent *pour primes d'assurances.*

L'administration de l'Enregistrement a fait signifier à M. Jeanne une contrainte pour huit amendes de contravention à l'art. 42 de la loi du 22 frimaire an VII.

M. Jeanne soutient devant le tribunal de la Seine que cet article n'est pas applicable.

Cet art. 42 est ainsi conçu :

« Aucun notaire, huissier, greffier, secrétaire ou autre officier public, ne « pourra faire ou rédiger un acte en vertu d'un acte sous signature privée « ou passé en pays étranger, l'annexer à ses minutes, ni le recevoir en « dépôt, ni en délivrer extrait, copie ou expédition, s'il n'a été préalable- « ment enregistré, à peine de 50 fr. d'amende (réduite à 10 fr. par la « loi du 16 juin 1824), et de répondre personnellement du droit. »

Cet article est la sanction de l'art. 23 de la même loi, d'après lequel il ne peut être fait aucun usage d'un acte sous signature privée, soit par acte public, soit en justice ou devant toute autre autorité constituée, qu'il n'ait été préalablement enregistré.

Le législateur a voulu, par ces deux dispositions, empêcher qu'il ne fût suppléé au défaut d'enregistrement d'un acte sous signature privée par sa rélation dans un acte public, de manière à donner à cet acte sous seing privé non enregistré une existence et une date certaine.

C'est l'acte, sa relation, sa constatation que le législateur a eu en vue, ainsi que le disent ces mots : *faire usage d'un acte, faire un acte en vertu d'un acte.*

L'enregistrement des actes sous seing privé, autres que ceux contenant mutation immobilière, n'est pas obligé ; les parties ne sont tenues de les faire enregistrer que lorsqu'elles agissent en vertu de ces actes, soit dans un acte public, soit en justice ; si donc elles ne font pas usage de l'acte sous seing privé, elles ne sont pas tenues de le faire enregistrer.

Une partie qui agit en justice pour demander une condamnation est libre dans l'emploi de ses moyens et de ses preuves ; son intérêt est la mesure de son action. Si elle a un titre non enregistré, elle est libre, ou d'agir en vertu de son titre en le faisant enregistrer, auquel cas la condamnation peut être certaine ; ou si elle a des doutes sur la validité de son titre, ou bien si elle est dans l'impuissance de faire l'avance des droits d'enregistrement et qu'elle ait d'autres moyens que le titre pour avoir une condamnation, elle est libre de ne pas faire usage de son titre, de le considérer comme non avenu et d'agir en justice comme si elle n'en avait pas, par les preuves ou les présomptions que la loi fournit.

L'administration de l'Enregistrement ne peut gêner cette liberté d'action ; bien loin de lui donner ce droit d'entrave, sa législation spéciale a prévu et réglé, au contraire, les cas où une partie demanderesse en justice n'aurait pas fait usage de son titre dans l'exploit introductif d'instance.

Ainsi l'art. 47 défend aux juges et arbitres de rendre aucun jugement et aux administrations centrales et municipales de prendre aucun arrêté en faveur des particuliers sur des actes non enregistrés, à peine d'être personnellement responsables du droit.

L'art. 48 porte : « Toutes les fois qu'une condamnation sera rendue ou qu'un arrêté sera pris sur un acte enregistré, le jugement, la sentence arbitrale ou l'arrêté en fera mention et énoncera le montant du droit payé, et le nom du bureau où il aura été acquitté. En cas d'omission, le receveur exigera le droit si l'acte n'a pas été enregistré dans son bureau. »

Ces deux dispositions sont faites précisément pour le cas où l'instance aurait été introduite sans qu'il ait été fait usage de l'acte sous seing privé, ce jugement étant rendu cependant ensuite sur le même acte produit en cours d'instance.

Mais voici qui est plus significatif.

L'art. 69, § 2, n° 9, dernier paragraphe, prévoit le cas où il n'aura été fait usage du titre écrit ni dans l'exploit d'assignation, ni dans le cours de l'instance, et même le cas où il n'y aura pas de titre écrit; il dit: « Lorsqu'une condamnation sera rendue, sur une demande non établie, par un titre enregistré et susceptible de l'être, le droit auquel l'objet de la demande aurait donné lieu s'il avait été convenu par acte public, sera perçu indépendamment du droit dû pour l'acte ou le jugement qui aura prononcé la condamnation. »

Le droit de titre ou de la convention est donc perçu sur le jugement, lorsque l'exploit n'a pas été fait en vertu d'un acte sous seing privé.

Le législateur a donc prévu qu'un huissier agirait, soit en vertu d'une convention verbale, soit en vertu de documents à produire ou de preuves à faire ultérieurement. Et dans ce cas, ce n'est pas sur l'exploit que le législateur a voulu que le droit du titre fût perçu, c'est sur le jugement; cela se conçoit, l'exploit ne contient qu'une allégation et le jugement n'a été déclaré passible du droit que parce qu'il fait un titre de ce qui n'était d'abord qu'une prétention contestable.

L'art. 57 de la loi du 28 avril 1816 démontre encore davantage que l'huissier, trompé par les parties, peut avoir instrumenté sans mentionner un titre écrit alors qu'il y en avait un, et nous allons voir que, dans ce cas, c'est la partie et non l'huissier que la loi punit, et nous verrons encore plus bas à quel moment la punition arrive. Cet article est ainsi conçu:

« Lorsqu'après une sommation extra-judiciaire ou une demande tendant à obtenir un paiement, une livraison ou l'exécution de toute autre convention dont le titre *n'aurait point été indiqué dans lesdits exploits*, ou qu'on aura simplement énoncée comme verbale, on produira au cours d'instance des écrits, billets, marchés, factures acceptées, lettres ou tout autre titre émané du défendeur qui n'auraient pas été enregistrés avant la dite demande ou sommation, le double droit sera dû et pourra être exigé ou perçu lors de l'enregistrement du jugement intervenu. »

C'est donc la partie qui est punie du double droit, et elle n'encourra la peine que si elle est obligée de produire au cours de l'instance un titre dont elle n'aura pas fait connaître l'existence ou qu'elle aura cru pouvoir ne pas faire mentionner dans l'exploit d'assignation. Ce n'est pas sur une présomption de l'existence de l'acte que le double droit sera perçu, c'est sur la production de l'acte même.

La réticence de l'exploit d'assignation sur l'acte, formant le titre de la demande, est donc puni par l'art. 57 de la loi de 1816, et non par l'art. 42 de la loi de frimaire, et c'est parce que cette réticence est possible, parce qu'elle n'est ni prévue ni punie par l'art. 42, que la loi de 1816 y a pourvu.

Cette loi de 1816 punit le mensonge de la partie ; elle a vu que c'était un fait personnel à celle-ci, et elle n'a pas compris l'huissier dans la même peine ; si elle avait voulu punir celui-ci pour l'énoncé dans un exploit de conventions verbales ou de conventions dont il serait justifié, si elle avait voulu même que le droit fût perçu sur cet énoncé, elle l'aurait dit à l'égard de l'huissier par une disposition expresse, comme elle l'a dit à l'égard de la partie dans l'art. 9, § 2, n° 9, de la loi de frimaire et dans l'art. 57 de celle de 1816 ; cette disposition aurait été ainsi conçue : « L'huissier qui signi« fiera une demande en paiement d'une somme fondée sur une convention « verbale ou sur une justification à faire, sans que la partie en ait préalable« ment fait la déclaration au receveur et acquitté le droit de titre, sera pas« sible d'amende et responsable du droit, sans préjudice du double droit en« couru par la partie. »

C'est à cette disposition exorbitante, contraire à tout le mécanisme de la loi du 22 frimaire an VII, que conduit le système de la régie ; c'est cette disposition qu'elle veut appliquer à M. Jeanne.

L'administration dira-t-elle que nous allons trop loin ? qu'elle ne défend pas aux huissiers d'énoncer dans leurs exploits des conventions verbales, et qu'elle ne demande l'application de l'art. 42 que parce que l'énonciation porte sur une convention qui par sa nature, par les stipulations qui la constituent et par les effets qu'elle est appelée à produire, exige dans l'intérêt de toutes les parties l'usage d'écriture pour la constater ; que l'huissier devait savoir que la convention d'assurance doit nécessairement être écrite et qu'instrumenter en vertu de cette convention, c'est instrumenter en vertu d'un acte écrit :

Il est facile de démontrer que ce système de l'administration n'a pas d'autre but que de proscrire presque dans tous les cas les assignations en vertu de conventions verbales.

Elle prétend que les assurances ne peuvent être constatées que par écrit, nous prouverons le contraire tout à l'heure, mais admettons-le.

L'écrit sera nécessaire dans ce cas, comme dans celui d'une convention sur une chose excédant la somme ou la valeur de 150 francs. (Art. 1341 du Code civil.)

Il sera même, si l'on veut aller plus loin, aussi nécessaire que dans les donations entre vifs.

Dans le système de la régie, lorsqu'une partie voudra assigner en paiement de 200 fr. qui lui sont dus ainsi qu'il en sera justifié, ou en exécution d'une donation verbale, l'huissier devra se constituer juge de la prétention et dire à la partie : Vous savez bien qu'au-dessus de 200 fr. il faut un acte écrit, que pour une donation entre vifs il faut un acte notarié ; produisez-moi les actes que vous devez avoir, afin que je m'assure de leur enregistrement. La partie répondra à l'huissier : Votre ministère est forcé, vous seriez obligé d'accepter la rédaction que je vous donnerais (arrêt de la Cour de cassation du 8 mars 1848) ; quoique je n'aie pas d'écrit, je veux agir en justice, courir les chances d'un procès ; si je n'ai pas de titre écrit, j'ai des commencements de preuves par écrit dont j'userai ou dont je n'userai pas devant la justice ; j'ai en définitive le serment décisoire. (Art. 1358 du Code civil.) Vous ne pouvez pas m'enlever les chances que je puis avoir d'obtenir une condamnation. L'huissier, d'après le système de la régie, devrait répliquer : Peu m'importe, vous devez avoir un écrit, faites-le enregistrer ou je n'instrumente pas.

Nous avions donc raison de dire que la prétention de la régie allait jusqu'à proscrire presque toute énonciation de conventions verbales dans les exploits d'asssignation.

Mais est-il vrai que les contrats d'assurances ne peuvent être constatés que par des actes écrits ?

Les règles des contrats ne doivent pas être autres à l'égard de la régie qu'à l'égard des parties contractantes entre elles. Si les statuts des Compagnies forment aux yeux de la régie une loi telle que rien ne pourra être fait en dehors de ces status, il faudra qu'il en soit de même à l'égard des tiers qui ont traité avec la Compagnie.

Or, il a été décidé qu'une Compagnie d'assurances ne peut pas opposer aux tiers les termes de ses statuts ; que le contrat d'assurance peut résulter d'un commencement de preuve par écrit ; que des propositions d'assurances peuvent, d'après une correspondance, être réputées acceptées, quoique la police n'ait pas été signée. Deux arrêts de la Cour de Rouen, cités par M. Dalloz (voyez *Assurances terrestres*, § 5, n° 76), ont décidé que le contrat pouvait résulter de conventions verbales.

Un arrêt de la Cour de cassation du 15 février 1826, Sirey, 27-1-131, a décidé que les juges pouvaient admettre des présomptions pour constater l'existence d'une convention d'assurance, qu'ainsi une quittance de prime pouvait prouver l'assurance quoique la police n'eût pas été signée et quoique la quittance eût été donnée par un agent qui n'avait pas le pouvoir de faire des assurances d'après les statuts.

Il résulte de cet arrêt et de ceux de la Cour de Rouen que le contrat d'assurance peut être constaté autrement que par la police ; donc une action ne peut être refusé soit à l'assureur, soit à l'assuré, en exécution de l'assurance, sous prétexte qu'on ne représente pas à l'huissier une police enregistrée ; donc l'huissier qui est requis d'assigner pour avoir paiement de primes, ainsi qu'il en sera justifié, doit se contenter de cette énonciation qui n'est pas celle d'un acte écrit.

L'administration requiert l'amende parce qu'elle présume qu'il y a des polices écrites ; mais ce n'est pas avec une présomption qu'on établit une contravention, et nous avons vu que cette présomption pourra souvent être contraire à la vérité ; d'ailleurs y aurait-il une police écrite qu'il suffirait que l'huissier n'eût pas agi en vertu de cet acte pour qu'il n'eût pas contrevenu à l'art. 42. Assurément si plus tard, et après l'assignation donnée, sans faire usage de cet acte, la Compagnie d'assurances le produit, elle ne sera pas admise à dire : J'avais nécessairement agi en vertu de la police, parce qu'elle était nécessairement écrite, je n'ai donc pas pu tromper l'administration de l'Enregistrement, et dès lors je n'ai pas encouru la peine portée par l'art. 57 de la loi de 1816. On lui répondra avec raison : L'huissier n'a pas instrumenté en vertu de l'acte que vous avez dissimulé ; vous avez laissé supposer qu'il n'y en avait pas, conséquemment vous êtes tenu du double droit.

L'administration se fonde sur deux arrêts de la Cour de cassation, qui ont décidé que le notaire était passible d'amende lorsqu'il mentionnait, dans un acte d'emprunt, l'existence d'une assurance avec subrogation de l'emprunteur aux droits de l'assuré.

D'abord, pour atténuer l'autorité de ces arrêts, nous devons dire, pour celui du 20 novembre 1846 prononçant une cassation, que l'affaire sur laquelle il avait été statué a été renvoyée au tribunal d'Amiens, qui a prononcé dans un sens contraire à celui adopté par la Cour de cassation, de telle sorte que, sur un nouveau pourvoi de la régie, la question se trouve soumise à la Cour de cassation, qui doit statuer en audience solennelle, c'est-à-dire avec toutes ses chambres réunies ; la question peut donc être considérée, quant à présent, comme n'étant pas définitivement jugée par la Cour de cassation.

Ensuite, il n'y a aucun rapport entre la question jugée par ces arrêts et celle sur laquelle le tribunal de la Seine est appelé à statuer.

L'huissier agit en vertu d'une convention à prouver en justice ; elle existe ou elle n'existe pas. Le tribunal seul est appelé à le dire, et la régie devance l'œuvre du juge lorsqu'elle décide, par une simple présomption, que l'assurance existe. L'action peut aussi bien être intentée pour une convention que le demandeur croit exister, et qui n'existe pas réellement, que pour une convention existante.

Le notaire, au contraire, constate d'abord par son acte, sur la déclaration de l'une des parties, que l'assurance existe, et c'est parce qu'elle existe qu'on en transporte les effets. Sans doute, ainsi que l'a dit le tribunal de la Seine dans son jugement du 28 août 1844 (contrôleur de l'Enregistrement, art. 6994), cette simple déclaration de l'une des parties contractantes n'a pu donner à la convention relatée la nature et l'existence d'un acte écrit ; mais du moins la Cour de cassation a-t-elle pu trouver dans cette déclaration une constatation de l'assurance, et se croire autorisée à penser que, du moment qu'on stipulait en vertu de cette convention ainsi constatée, c'est qu'elle était écrite, et que le notaire aurait dû faire expliquer les parties sur ce point.

Il y a donc entre les deux espèces toute la différence qui existe entre une convention constatée et une convention à constater. Il y a la différence entre deux officiers ministériels dont l'un peut dire : « Montrez-moi la chose que vous transportez, » tandis que l'autre ne peut pas dire : « Exhibez le titre de la convention que vous demandez à prouver en justice, et pour laquelle le jugement que vous provoquez doit être le titre. »

Les arrêts de la Cour de cassation ne sont donc pas opposables. D'ailleurs les motifs de ces arrêts ont trouvé leur réfutation dans les considérations qui précèdent, et ils sont contraires au jugement cité plus haut, du 28 août 1844, émané du tribunal de la Seine.

Paris, le 28 juillet 1849.

Signé Rigaud, avocat à la Cour de Cassation.

Nous croyons inutile de relater les arrêts précités de la Cour de cassation (1). Ils sont rapportés dans le mémoire de l'administration de l'Enregistrement et reposent sur les mêmes motifs.

Tout récemment la Cour de cassation s'est prononcée dans le même sens. (Voir *Gazette des Tribunaux*, 22 août 1849.)

Il est à remarquer, du reste, que sur cette question les tribunaux inférieurs sont en désaccord. Ainsi les tribunaux de Montaigu, 24 juillet 1832, de Blois, 19 avril 1837, de Montargis, 25 juillet 1837, d'Epernay, 9 février 1838, de la Seine, 29 mars 1838, de Beauvais, 3 juillet 1838, de Laon, 20 avril 1839, de Versailles, 21 avril 1842, et de Péronne, 29 mars 1844, ont jugé l'affirmative et condamné les notaires au paiement des amendes encourues et au remboursement des droits d'enregistrement exigibles sur polices d'assurances. Le jugement de Péronne que nous venons de citer

(1) Les jugements de Rouen et de Saverne, cités dans le mémoire de M. Jeanne, se fondent encore exclusivement sur lesdits arrêts de la C. de cass. Voy. n° 1816, Bulletin de l'enregistrement.

se fonde 1° sur ce que suivant un arrêt de la Cour de cassation, du 26 janvier 1831, il n'est pas nécessaire, pour qu'il y ait lieu à l'application des articles 42 de la loi du 22 frimaire an VII et 13 de celle du 16 juin 1824, que l'acte sous seing privé soit la cause unique et immédiate de l'acte public dans lequel il est énoncé, qu'il suffit qu'il en soit un des éléments. L'assurance, suivant le vœu formel de l'art. 1341 du Code civil, doit nécessairement résulter d'un écrit. Enfin les statuts et les ordonnances d'autorisation des Compagnies exigent que les polices soient rédigées par écrit. Les tribunaux de Compiègne, 27 septembre 1828, de Rennes, 12 juin 1833, de Douai, 11 août 1837, de Toul, 21 mai 1839, ont statué en sens contraire, et le tribunal de la Seine est lui-même revenu sur sa jurisprudence par deux jugements des 14 mai 1840 et 14 juillet 1841.

La question sur laquelle nous venons de fournir tous les documents qui s'y rattachent sera très-certainement soumise à la Cour de cassation. Nous n'hésitons pas à penser que le pourvoi de l'administration de l'Enregistrement sera rejeté, car il n'y a pas la moindre analogie entre les faits qui ont motivé les arrêts de cassation précités et ceux qui ont déterminé la décision du tribunal de la Seine. Jusque-là il importe aux assureurs de se défendre contre des prétentions arbitraires. La question en effet est d'autant plus importante pour les Compagnies d'assurances qu'en admettant même que la loi projetée sur les effets de commerce soumette au timbre les polices d'assurances (1), la question de l'enregistrement des polices avant poursuites est grave, mais permet encore discussion. Nous reviendrons sur cette question, et dans notre prochaine livraison nous présenterons à un point de vue nouveau les moyens qui nous paraissent encore de nature à faire prévaloir les vrais principes sur l'application de l'article 42 de la loi de frimaire an VII et la portée du nouveau projet de loi. (*La suite à la prochaine livraison.*)

Le bail consenti à des sous-locataires, par un principal locataire devenu plus tard propriétaire, décharge-t-il les sous-locataires du risque locatif lorsque le principal locataire a excepté des charges du bail le paiement des primes d'assurances?

Les Compagnies d'assurances qui ont désintéressé le propriétaire peuvent-elles actionner directement les principaux locataires ou sous-locataires?

(1) Le gouvernement, dans la séance de l'Assemblée législative du 4 octobre 1849, vient de présenter de nouveau le projet de loi sur le timbre des polices d'assurances.

Ce projet n'est que la reproduction de celui du 27 janvier 1849; mais il nous paraît impossible, sous plusieurs rapports; le principe de retroactivité qu'il consacre, ne saurait être accepté, on ne peut soumettre au timbre les contrats d'assurances antérieurs à la promulgation de la loi.

Voy. pour la critique du projet de loi ci-dessus, M. Dubroca, *Rev. des assur.*, t. V, p. 403.

Peuvent-elles actionner encore directement les Compagnies qui ont assuré les risques locatifs des principaux locataires ou sous-locataires? Dans l'affirmative les Compagnies sont-elles solidaires entre elles?

Les principaux locataires ont-ils une action en garantie contre les sous-locataires s'ils habitent les biens communément avec eux?

La commune habitation des lieux peut-elle dans ce cas être opposée par les sous-locataires à plusieurs locataires principaux solidaires, encore bien qu'un seul d'eux habite les lieux occupés par les sous-locataires.?

JUGEMENT.

« Attendu que suivant trois polices, en date des 17 juillet et 3 août 1846, et 29 novembre 1847, lesquelles seront enregistrées en même temps que le présent jugement, comme aussi suivant trois quittances en date des 30 août, 9 septembre 1848, et 12 mars 1849, enregistrées à Paris les 25 octobre, 22 novembre 1848 et 13 mars 1849, les trois Compagnies d'assurances demanderesses, l'Urbaine, la Lyonnaise et le Palladium, ont été subrogées par le propriétaire de l'immeuble incendié, en échange du paiement à lui fait de l'indemnité pour sinistre, dans tous les droits, actions et recours à lui appartenant, contre tous les locataires qui occupent ledit immeuble et nommément contre les sieurs Rabeau et contre leurs assureurs, le tout conformément aux articles 1250, 1251, 1733 et 1734 du Code civil.

« Attendu que la validité de cette stipulation portant subrogation est admise en principe par une jurisprudence aujourd'hui constante et que les trois Compagnies dénommées viennent en réclamer l'effet solidairement, tant contre lesdits Rabeau, en leur qualité de locataires principaux, que contre plusieurs de leurs sous-locataires et les autres Compagnies d'assurances qui ont assuré les risques locatifs desdits locataires et se trouvent leurs débitrices d'une indemnité par suite du sinistre qui a eu lieu.

« Attendu que, pour se soustraire à la demande des trois Compagnies, Rabeau père, et Auguste Rabeau fils, locataires principaux, leur opposent une fin de non-recevoir qu'il s'agit d'apprécier avant tout.

« Attendu qu'ils prétendent que le bail qui leur a été consenti, le 13 juin 1846, devant Lefer, notaire à Paris, par Clément-Alexis Morel, jouissant alors de l'immeuble comme locataire principal, suivant un premier acte sous-seing privé du 29 novembre 1843, enregistré à Paris le 10 décembre même année, et conclu entre lui et Bon Morel, son père, propriétaire; ledit Clément Morel fils aurait affranchi les sieurs Rabeau, père et fils, ses cessionnaires, de tous risques d'incendie généralement quelconques, même des risques locatifs, en stipulant par une clause expresse que Clément-Alexis Morel resterait chargé, comme bailleur ou représentant du propriétaire, premier bailleur, des primes à payer pour l'assurance contre l'incendie des bâtiments et objets mobiliers faisant l'objet de la présente location;

« Attendu que les sieurs Rabeau concluent de la susdite clause que les propriétaires, comme donataires de son père, et enfin, Mayen, acquéreur de Clément-Alexis Morel, n'ont pu subroger les trois Compagnies demanderesses dans les droits, recours et actions qui avaient cessé d'appartenir au propriétaire dès avant la souscription des polices, par l'effet seul du bail principal du 13 juin 1846 ;

« Mais attendu que cette fin de non recevoir n'est pas fondée, qu'il s'agirait d'abord de savoir si le bail fait par un locataire principal a pu obliger le propriétaire qui n'y était pas partie, que dans tous les cas, et sans qu'il soit besoin de décider cette question, il suffit de répondre que l'affranchissement de tous risques pour incendie, et spécialement des risques locatifs, ne résulte en faveur des sieurs Rabeau, ni des termes, ni de l'esprit de la clause invoquée par eux ;

« Attendu, en effet, que l'obligation prise par le locataire principal sous-bailleur, de payer les primes pour l'assurance contre l'incendie, n'équivaut point à l'obligation de décharger les locataires Rabeau du paiement de l'indemnité due par eux en cas de sinistre, c'est-à-dire des conséquences de leur faute ou imprudence selon les dispositions des articles 1733 et 1734 du Code civil, que s'il est incontestable qu'en thèse générale la décharge de l'indemnité en faveur des locataires ne peut pas s'induire de l'assurance que le propriétaire a faite de son immeuble, il faut reconnaître dans l'espèce que les termes de la clause ne font qu'exprimer ce qui est de droit commun ; à savoir : que le bailleur devra payer les primes de ladite assurance ; qu'il est à remarquer que la clause ne parle pas spécialement des primes pour l'assurance des risques locatifs et qu'il peut s'agir dans ladite clause, tout aussi bien des primes pour l'assurance de la propriété, soit à la charge de Bon Morel, comme propriétaire du fonds, soit à la charge de son fils comme propriétaire de la machine à vapeur et des objets accessoires, d'autant plus que lesdites assurances n'avaient pas eu lieu jusque-là ;

« Attendu, au surplus, que l'esprit d'une convention et la commune intention des parties ressortent surtout de l'exécution volontaire donnée par elles à ladite convention ;

« Attendu que non-seulement Alexis Morel, premier locataire principal, sous-bailleur, n'a pas fait assurer les risques locatifs à la décharge des locataires, ainsi qu'il s'y serait engagé, suivant la prétention des sieurs Rabeau, mais que ceux-ci ne l'ont point mis en demeure de remplir sa prétendue obligation, bien qu'ils y eussent intérêt important.

« Attendu, bien plus, qu'Auguste Rabeau fils, l'un des locataires principaux, a lui-même assuré ses risques locatifs à deux Compagnies, la France et l'indemnité, et qu'il ne paraît pas qu'il se soit fait rembourser par Alexis Morel, sous-bailleur, comme il l'aurait pu dans son système ;

« Attendu que les sieurs Rabeau n'ont pas cru non plus pouvoir faire jouir leurs sous-locataires, ainsi qu'ils en auraient encore eu le droit, du bénéfice de leur prétendue stipulation, faite avec Alexis Morel, puisque ces derniers ont également pour la plupart assuré leurs risques locatifs aux autres Compagnies qui sont parties au procès ;

« Attendu, enfin, qu'il n'est pas prouvé que les sieurs Rabeau aient payé un excédant de 2,000 fr. de loyer par année pour acquérir de leur cédant, Alexis Morel, l'affranchissement des risques locatifs ; que si cette augmentation a eu lieu, elle a pu être déterminée soit par l'effet de l'enchérissement progressif des locataires à cette époque, soit à raison de ce que celui-ci avait ajouté à l'immeuble l'établissement d'une machine à vapeur et d'objets mobiliers accessoires ;

« Attendu qu'il suit donc des motifs ci-dessus que la fin de non-recevoir proposée par les sieurs Rabeau n'est pas fondée au fond ;

« Attendu que la subrogation consentie au profit des trois Compagnies demanderesses leur donne le droit d'exercer contre les locataires principaux et les sous-locataires, sans distinction ni limitation, l'action solidaire établie par les articles 1733 et 1734 ;

« Attendu, en effet, que l'art. 1733 ne décharge le locataire qu'autant qu'il prouve que l'incendie est arrivé par cas fortuit ou force majeure, ou par vice de construction, ou que le feu a été communiqué par une maison voisine ; que dans l'espèce aucun des cas d'exception prévus n'existe ni a même été articulé ;

« Attendu que s'il y a plusieurs locataires l'article 1734 les répute tous solidairement responsables sans distinction, et par conséquent les locataires comme les sous-locataires, à moins qu'ils ne prouvent que l'incendie a commencé dans l'habitation de l'un d'eux, auquel cas celui-là seul est tenu, ou que quelques-uns ne prouvent que l'incendie n'a pu commencer chez eux, auquel cas ceux-là ne sont pas tenus ;

« Attendu qu'aucun desdits locataires ne se trouve non plus dans lesdits cas d'exemption prévus par cet article, ni à portée en quelque manière que ce soit d'établir qu'il a été nécessairement étranger au sinistre ;

« Attendu que s'il a été allégué que l'incendie aurait commencé chez Lefebvre, l'un des sous-locataires du rez-de-chaussée, ce fait grave n'a pas été suffisamment démontré ; quelques-uns des témoignages entendus par le commissaire de police en parlent, mais beaucoup d'autres sont muets à cet égard ou tendraient à faire croire que l'incendie aurait commencé au premier étage ; qu'il est à considérer que le bâtiment se compose d'une multitude de petits ateliers répartis en trois étages, construits en cloisons et planches de bois de sapin, et susceptibles par conséquent d'enflammer et de se communiquer le feu subitement sans qu'il soit possible d'en déterminer avec précision le point de départ; qu'il est à remarquer surtout qu'aucun des locataires entendus par le commissaire de police n'a signalé l'atelier de Lefebvre comme ayant été le foyer de l'incendie, de telle sorte qu'en cet état il devient impossible pour le tribunal d'assigner avec certitude la cause de l'incendie ou la partie du local où il a pris naissance; qu'il y a donc lieu en droit et en équité de laisser tous les locataires dans le lien commun de la responsabilité légale;

« En ce qui touche les Compagnies assureurs des risques locatifs;

« Attendu qu'elles sont tenues de l'engagement de leurs assurés, jusqu'à concurrence de l'indemnité qu'elles peuvent leur devoir, et de la part qu'ils auront à supporter dans l'acquittement des condamnations qui vont intervenir contre elles, mais qu'il ne saurait exister de solidarité puisqu'elles ne l'ont pas promise et sont personnellement étrangères au fait qui motive l'action des demandeurs;

« En ce qui touche le recours en garantie de Rabeau père et d'Auguste Rabeau fils, locataires principaux, contre Lefebvre en particulier et subsidiairement contre tous les sous-locataires;

« Attendu qu'il suit de l'un des motifs qui précèdent, que l'incendie ne peut pas être imputé à Lefebvre en particulier;

« Attendu que si Rabeau père n'habitait pas les lieux, il est constant qu'Auguste Rabeau fils et sa femme, co-locataires principaux et co-obligés solidaires avec lui à ce titre, occupaient un local au deuxième étage du bâtiment, et que par suite de cette cohabitation et du principe de solidarité il est juste et nécessaire qu'ils rentrent dans la catégorie et condition de tous les locataires solidairement responsables;

« Par ces motifs, etc. »

(17 août 1849, deuxième chambre, tribunal civil de la Seine.)

Ce jugement soulève des questions de droit très-importantes au point de vue de la doctrine et de la jurisprudence; nous les discuterons dans notre prochaine livraison (1).

(1) Un journal d'assurances vient de publier le mémoire qui fut soumis au tribunal à l'occasion de ce procès. Ce mémoire contient deux fausses applications d'arrêts; nous croyons, du reste, que si les honorables avocats qui ont apposé leur nom sur cette note avaient été consultés sur sa publication, elle aurait subi plusieurs modifications.

Paris. — Desoye et Cᵉ, imprimeurs, rue de Seine, 36.

Prix de l'Abonnement.

Un an.

Paris et les départements. . . . . 12 fr.

Six mois.

Paris et les départements. . . . . 6 fr.

Étranger. . . . . 15 fr.

Nota. — Pour les abonnements, s'adresser, à Paris, rue Lepelletier, 8, à M. Arnould.

www.ingramcontent.com/pod-product-compliance
Ingram Content Group UK Ltd.
Pitfield, Milton Keynes, MK11 3LW, UK
UKHW021524260726
13993UKWH00004B/1859

9 782329 172880